成功に導く言葉力

政治家の名言

MP
Metropolitan
Press

はじめに

短く簡単な表現で、読む人の考え方や人生に影響を与える〝名言〟。

本書では、幕末から第二次世界大戦後までの政治家や軍人を中心に〝現代の生活に活かせる名言〟を集めました。発言者の出身地や実績、人柄、発言したときの状況などとともに、使いやすいように構成しました。

一見なんでもない言葉でも、その言葉の背景を知ることで、なぜそれが名言であるか理解できるでしょう。政治家が残した言葉を自分の生活に当てはめてみてください。きっと、いままでの自分と違う方向を示してくれるはずです。

本書に登場する政治家や軍人は、全員が偉人として尊敬される人物というわけではありません。なかには〝迷言〟もあるでしょう。しかし、幕末から明治、そして昭和、終戦という激動の時代を走り抜けた先人であることはたしかです。あなたがなにかの壁にぶつかったときやチャレンジ精神を奮い立たせるとき、きっと成功に導いてくれる言葉でしょう。

難しい表現などは読みやすくしました。結婚式のスピーチ、会社の朝礼、学校の小論文などでも利用していただけると幸いです。

須田諭一

目次

第二章　大臣を経験した政治家の名言

第三章　大臣を経験した軍人の名言

第四章　現場で政治力を発揮した軍人の名言

第五章　時代を動かした政治家、思想家の名言

第六章　幕末を動かした志士、政治家の名言

第七章　国を動かした外国人政治家の名言

巻末資料

表の見方

名言を残した政治家

誕生年から没年までを西暦で表わした。

出身地は現在の県名で表わした。

伊藤博文《いとうひろぶみ》

1841～1909年
江戸後期～明治後期
現在の山口県出身

誕生から没年までを時代で表わした。
外国人の場合は、日本の時代に照らし合わせるといつになるかを表わした。

たとえ、おまえが人生に失敗しても、私は決して悲しまぬ。また、成功して金持ちになったとしても、私は喜びもせぬ。

名言

息子のアメリカ留学に向けて。

名言に対して補足する内容。

第一章　総理大臣を経験した政治家の名言

伊藤博文《いとうひろぶみ》

1841～1909年
江戸後期～明治後期
現在の山口県出身

たとえ、おまえが人生に失敗しても、私は決して悲しまぬ。また、成功して金持ちになったとしても、私は喜びもせぬ。

息子のアメリカ留学に向けて。

伊藤博文は、長州藩士、政治家。初代の内閣総理大臣をはじめ、外務大臣、司法大臣、宮内大臣、宮内卿、内務卿、工部卿、兵庫県知事などを歴任する。

生家は農家で、長州藩の足軽の養子になる。吉田松陰の松下村塾に入門し、吉田松陰が安政の大獄で斬首されると遺骸を引き取る。その後、倒幕運動に加わり、英国公使館焼き討ちに参加する。

明治新政府になると、一八八五年に内閣制度が始まり、太政大臣の三条実美と伊藤博文の二人が初の総理大臣の候補に挙がる。結果的に留学経験があり、外国の要人と英語で直接会話ができる伊藤が選ばれる。のちに息子がアメリカ留学を望んだとき、標記の言葉をかけた。

一九〇九年、中国のハルビン市で朝鮮独立運動家の安重根によって暗殺される。六十八歳没。

黒田清隆《くろだきよたか》

1840～1900年
江戸後期～明治後期
現在の鹿児島県出身

政府は、政党の主張に制約されることなく超然《ちょうぜん》と立つべきである。

大日本帝国憲法の公布に向けて。

黒田清隆は、薩摩藩士、政治家。内閣総理大臣をはじめ、逓信大臣、農商務大臣、開拓次官、枢密院議長などを歴任する。

戊辰戦争で功をあげ、明治新政府では北海道の開発に力を注いだ。札幌農学校（現・北海道大学）を創立、アメリカからクラーク博士を招く。

第二代内閣総理大臣に就いて、大日本帝国憲法を公布する。しかし外務大臣の大隈重信が、条約改正の交渉で失敗し総辞職。

一八八九年、憲法公布の翌日に鹿鳴館における昼食会の席上で、地方官などに向けて演説を行なうが、標記はそのときの言葉。この考え方には賛否両論、意見の分かれるところであったが、伊藤博文や山縣有朋などからは共感を得られた。

贈収賄事件などで晩年は政府の中央から離れる。一九〇〇年、脳出血により死去する。五十九歳没。

山縣有朋《やまがたありとも》

1838～1922年
江戸後期～大正
現在の山口県出身

自分は一介の武辺《ぶへん》である。

武辺は、戦争で勇敢に戦うこと。またはその者。

山縣有朋は、長州藩士、政治家、陸軍軍人。内閣総理大臣をはじめ、司法大臣、内務大臣、内務卿、陸軍卿、参謀総長などを歴任する。最終階級は元帥陸軍大将。〝国軍の父〟と呼ばれる。

足軽にも足りない身分の家に生まれるが、奇兵隊や戊辰戦争で頭角を現わす。

明治新政府では、教育勅語、官僚制、徴兵制や治安警察法などを制定する。伊藤博文とともに、低い身分の出でありながら、総理大臣まで登り詰めた立身出世の代表的な人物である。

日清戦争では、元総理大臣でありながら第一線に立つ。標記はそのときの言葉。軍人として前線に立った総理経験者は山縣だけである。

晩年は往年の判断力がなくなり、時代の変化についていけなくなったと言われた。

一九二二年に死去する。八十三歳没。

松方正義《まつかたまさよし》

1835～1924年
江戸後期～大正
現在の鹿児島県出身

調査の上、後日、御報告申し上げます。

「子どもは何人いるのか？」と明治天皇から尋ねられ、こう上奏した。

松方正義は、薩摩藩士、政治家。内閣総理大臣をはじめ、大蔵大臣、内務大臣、内大臣、大蔵卿、内務卿、日田県知事、日本赤十字社の社長などを歴任する。生家は薩摩藩士。〝財政の指導者〟と呼ばれる。

早くから生麦事件や寺田屋事件などに関係し、常に幕末の中心にいた。明治新政府では、〝松方デフレ〟などと呼ばれ、世論の反感を買う政策もあったが、大蔵大臣を四度務める。また、日本銀行を設立するなど財政面で業績を残す。

しかし、財政面以外での政治手腕に欠けるところがあり、総理大臣としては実績を残せなかった。また、二十六人もの子どもをもつなど女性にだらしなく、この点においても人望がなかった。

晩年は元老、内大臣として政局に関与し、一九二四年、呼吸不全により死去。八十九歳没。

大隈重信《おおくましげのぶ》

1838～1922年
江戸後期～大正
現在の佐賀県出身

爆弾を投げた者を憎いとは少しも思っていない。外務大臣に爆弾を食わせて世論をくつがえそうとした勇気には感心する。若い者はこせこせせず、天下を丸のみにするほどの元気がなければだめだ。

大隈重信は、佐賀藩士、政治家、教育者。内閣総理大臣をはじめ、外務大臣、農商務大臣などを歴任する。生家は佐賀藩の上級藩士。早稲田大学の創設者として有名。

大政奉還を説くなど早くから頭角を現わし、明治新政府では、黒田清隆内閣で外務大臣として不平等条約の改定を任されるが、その内容は憲法に違反するものとして批判される。

一八八九年、外務大臣として閣議を終えて外相官邸に向う。条約改正案に反対する右翼活動家の来島恒喜に爆弾を投げつけられ、右足の約三分の一を切断するという重傷を負う。来島は、短刀でのどを切りその場で自決した。三十一歳没。

大隈は来島について標記のように語って、遺族に香典を贈り、のちにその霊前で追悼演説をした。

一九二二年、胆石症により死去。八十三歳没。

桂《かつら》 太郎《たろう》

1848～1913年
江戸後期～大正
現在の山口県出身

日露戦争を終らせたければ、国民はいかなる条件にも満足すべし。私は責任をとる覚悟はできている。

桂太郎は、長州藩士、政治家、陸軍軍人、教育者。内閣総理大臣（在職日数二八八六日は歴代一位）、外務大臣、内大臣、大蔵大臣、文部大臣、内務大臣、陸軍大臣などを歴任する。また台湾協会学校（拓殖大学の前身）を創立した。生家は長州藩の上級藩士。最終階級は陸軍大将。

第二次長州征伐や戊辰戦争などで認められる。明治新政府では、日英同盟や日露戦争、韓国併合、大逆事件などで手腕を発揮する。

「国民が納得する条件で、日露戦争を終らせなければならない」と主張する原敬に対して、和平交渉の難航を予測して、標記のように語った。

日露戦争は勝利に終るが、賠償金や領土問題を残す。「国民や軍隊は、桂に売られた」というほど国民の不満は高まり、第一次桂内閣は総辞職する。

一九一三年、胃癌により死去。六十五歳没。

西園寺公望《さいおんじきんもち》

1849～1940年
江戸後期～昭和前期
現在の京都府出身

この国をいったいどこにもっていくのや。

西園寺公望は、公家、政治家。内閣総理大臣をはじめ、枢密院議長、文部大臣、外務大臣、新潟府知事、最後の元老などを歴任する。

戊辰戦争で各地を転戦し、明治新政府になると約十年間フランスに留学する。その後、憲法の調査のためにヨーロッパを歴訪し政治家になる。

フランスの自由思想の影響で、自由民権運動に加担することもあり、当時の国家主義的な政治家とは一線を画す。軍部の圧力に抵抗し、日独伊三国同盟に反対するが、日米開戦を回避することはできなかった。

一九四〇年、反対していた日独伊三国同盟が成立すると、その二ヵ月後に死去する。標記が最後の言葉。九十一歳没。自分が総理大臣に推薦した近衛文麿が、日独伊三国同盟を締結したことを最後まで後悔していたという。

山本権兵衛《やまもとごんべえ》

1852～1933年
江戸後期～昭和前期
現在の鹿児島県出身

東京を復興させる我々の努力を、世界の列強が注目しているのだ。我が国の実力を知らしめる試金石、またここにあり。

関東大震災が発生し、その混乱の中、第二次山本内閣をスタートさせて。

山本権兵衛は、薩摩藩士、政治家、海軍軍人。内閣総理大臣をはじめ、海軍大臣、外務大臣などを歴任する。最終階級は海軍大将。

生家は薩摩藩士。薩英戦争や戊辰戦争などで名を挙げ、戊辰戦争後、勝海舟と知り合い影響を受けて、海軍に進むことを決意する。

明治新政府になり、海軍大臣に就くと日露戦争が勃発。「ロシアの軍艦を全滅させるには、日本の軍艦も半分は沈むはず。その覚悟だ」と公言した。

一九二三年、加藤友三郎総理大臣が大腸癌で亡くなり、九月一日、首相不在中に関東大震災が発生する。混乱の中、翌日に第二次山本内閣がスタートする。しかし同年、摂政宮裕仁親王が難波大助に狙撃され（虎ノ門事件）、その責任をとって総辞職する。一九三三年、前立腺肥大症により死去。八十一歳没。

寺内正毅《てらうちまさたけ》

1852～1919年
江戸後期～大正
現在の山口県出身

小早川　加藤　小西が世にあらば
今宵の月をいかに見るらん

朝鮮総督就任パーティで寺内が披露した歌。〝小早川〟は小早川秀秋、〝加藤〟は加藤清正、〝小西〟は小西行長。いずれも豊臣秀吉の命で朝鮮出兵を行ない、結果を出すことができなかった武将。

寺内正毅は、長州藩士、政治家、陸軍軍人。内閣総理大臣をはじめ、陸軍大臣、外務大臣、大蔵大臣、最後の韓国統監、初代の朝鮮総督、教育総監などを歴任する。生家は長州藩士。最終階級は元帥陸軍大将。

一八六八年、御楯隊として戊辰戦争に従軍し、箱館戦争まで転戦し、実力を認められる。

明治新政府では要職を経て、一九一〇年、第三代韓国統監に就任する。同年、日韓併合にともなって朝鮮総督府が設置されると、初代の朝鮮総督に就任する。朝鮮独立運動を抑えるために、陸軍の憲兵が一般の警察を兼ねる憲兵警察制度を制定した。標記の歌は、朝鮮総督就任パーティで披露したものだが、得意満面に詠んだという。

一九一九年、心臓肥大と糖尿病により死去。六十七歳没。

原《はら》敬《たかし》

1856～1921年
江戸後期～大正
現在の岩手県出身

もし、日本に欠点があるとすれば、謙遜と遠慮に過ぎる点である。

原敬は、盛岡藩士、政治家、官僚。内閣総理大臣をはじめ、司法大臣、内務大臣、逓信大臣、大阪毎日新聞社の社長などを歴任する。

祖父が盛岡藩の家老職にあったほど恵まれた家に生まれ、幕末を裕福に過ごす。十二歳で明治時代を迎えて、郵便報知新聞社に入社する。

その後、外務省に入省し、約三年間のパリ勤務を経て、立憲政友会の幹事長になる。藩閥政治から政党政治への移行に尽力した。

一九一九年には衆議院議員の選挙法を改正する。小選挙区制を導入し、選挙資格の直接国税十円以上を三円以上に引き下げた。

総理大臣在任中に国際連盟が発足し、日本は常任理事国になる。標記はそのときの言葉。

一九二一年、総理大臣を務めるなか、東京駅で右翼の中岡艮一に刺殺される。六十五歳没。

高橋是清《たかはしこれきよ》

1854～1936年
江戸後期～昭和前期
現在の東京都出身

必ずしも、政治は外形の問題ではない。人物の問題である。

高橋是清は、仙台藩士、政治家、官僚、教育者。内閣総理大臣をはじめ、大蔵大臣、農商務大臣、商工大臣、農林大臣、司法大臣、日本銀行総裁、初代の特許局長、共立学校（現・開成高校）の初代の校長などを歴任する。内閣総理大臣よりも大蔵大臣としての評価のほうが高い。

幕府御用絵師の妾の子として生まれ、仙台藩の足軽の養子になり十四歳で明治時代を迎える。アメリカに留学し、帰国後、文部省に入省する。

日露戦争では、日銀副総裁として戦費調達のためにイギリスに向かう。イギリスの投資家は、日本の敗北を予想し交渉は難航するが、最終的に高橋の人間性を信用して交渉は成功に終わる。標記はその後、大蔵大臣に就任したときの言葉。

一九三六年、二・二六事件において、赤坂の自宅二階で青年将校に暗殺される。八十一歳没。

加藤友三郎《かとうともさぶろう》

1861〜1923年
江戸後期〜大正
現在の広島県出身

国防は、軍人の専有物にあらず。外交手段で戦争を避けることが、目下の時勢において国防の本義なりと信ず。

加藤友三郎は、政治家、海軍軍人。内閣総理大臣をはじめ、海軍大臣、第一艦隊司令長官などを歴任する。生家は広島藩の下級藩士。最終階級は海軍大将。一九一五年から一九二三年まで、第二次世界大戦など難しい時代の海軍大臣を務めた。

七歳で明治時代を迎え、日清・日露戦争で功績をあげて海軍大臣に就任する。海軍大臣在任中にワシントン会議が開催し、日本の責任者として臨む。標記はそのときの言葉。

ワシントン会議は、アメリカが日本の勢いを封じ込めようと画策したもので、当然日本は不利な条件を突きつけられるが、諸外国の要人から「一流の政治センスをもった将軍」と賞賛された。

一九二三年、総理大臣在任中に大腸癌により死去。六十二歳没。加藤の死によって、日本は総理大臣不在のまま関東大震災を迎える。

清浦奎吾《きようらけいご》

1850～1942年
江戸後期～昭和前期
現在の熊本県出身

四恩《しおん》を忘れるな。親の恩、先輩の恩、友人の恩、時世の恩。すべての恩に感謝しなさい。

清浦奎吾は、政治家、官僚、教育者。内閣総理大臣をはじめ、枢密院議長、内務大臣、農商務大臣、司法大臣、検事、小学校の校長、新聞協会の会長などを歴任する。父親は肥後の明照寺の住職。

十八歳で明治時代を迎え、司法省に入省すると山縣有朋に評価されて、内務省警保局長に就く。

貴族院議員を経験し、第一次山本権兵衛内閣のあとを受けて、組閣の命を受けるが海軍大臣の調整がつかず、結局、大隈重信内閣が誕生する。

一九二四年、内閣総理大臣に就任するが、全閣僚をほとんど貴族院議員から選出して激しい非難を浴び、わずか五ヵ月で総辞職する。その後、東條英機内閣を承認して政治活動から引退する。

一九四二年、九十二歳の長寿をまっとうして死去。大正デモクラシーが、もっとも高揚したときに総理大臣を務めた。

加藤高明《かとうたかあき》

1860～1926年
江戸後期～大正
現在の愛知県出身

なすは、なさざるにまさる。

加藤高明は、政治家、官僚。内閣総理大臣をはじめ、外務大臣、東京日日新聞の社長などを歴任する。生家は尾張藩の下級藩士。東京大学出身者初の総理大臣である。

明治時代を八歳で迎え、東京大学を首席で卒業し、三菱に入社。イギリスに渡り、帰国後、三菱財閥の創始者である岩崎弥太郎の長女と結婚する。

外務大臣として日英同盟、第一次世界大戦への参戦、対華二十一ヵ条の要求などに尽力する。退陣後は、元老政治廃止や貴族院改革を主張し、護憲三派連立内閣を実現した。

総理大臣としては、普通選挙法と治安維持法を同時に成立させ、また、陸軍軍縮の一方で、学校教練を創設するなど〝飴と鞭〟の政策を行なう。

一九二六年、首相在任中に肺炎により死去する。六十六歳没。

若槻禮次郎《わかつきれいじろう》

1866～1949年
江戸後期～昭和前期
現在の島根県出身

ガイコツが大砲を引っ張っても仕方がない。

ロンドン海軍軍縮会議において、国力のない日本をガイコツにたとえた。

若槻禮次郎は、政治家、官僚。内閣総理大臣をはじめ、内務大臣、大蔵大臣、拓務大臣などを歴任する。生家は松江藩の下級藩士。事務能力に秀でた政治家と言われている。

明治時代を二歳で迎え、苦学を重ねて帝国大学（現・東京大学）を首席で卒業する。

大蔵省に入省後、一九一二年、第三次桂太郎内閣で大蔵大臣に就任する。その後要職を経て、重臣会議のメンバーとして、太平洋戦争の終戦工作に関与し、ポツダム宣言の受諾にも関わった。

総理大臣在任中の一九三〇年、ロンドン海軍軍縮会議に責任者として出席。標記は、参加国の力関係を考えて、日本に不利な軍縮案を飲んだときの言葉。しかし、この結果に不満を抱いた右翼に命を狙われるようになる。

一九四九年、狭心症により死去。八十三歳没。

田《た》中《なか》義《ぎ》一《いち》

1864～ 1929年
江戸後期～昭和前期
現在の山口県出身

大臣になったつもりでやってくれ。

田中義一は、政治家、陸軍軍人。内閣総理大臣をはじめ、陸軍大臣、外務大臣、内務大臣、拓務大臣などを歴任する。生家は萩藩の下級藩士。最終階級は海軍大将。

明治時代を四歳で迎え、下級藩士の教育機関である陸軍教導団を経て、日清・日露戦争で認められる。ロシア留学で学んだ知識を陸軍に活かした。

総理大臣に任命されると、外務大臣を兼務し、中国侵出に積極的な森恪を外務政務次官に起用する。標記はそのときの言葉。実務を任された森は、中国に対して強硬外交を展開した。

一九二八年には、治安維持法に対する違反容疑者の一斉検挙を行なう（三・一五事件）。

一九二九年、内閣総辞職から約三ヵ月後、急性狭心症により死去。六十五歳没。

結果的に長州閥最後の総理大臣になる。

濱口雄幸《はまぐちおさち》

1870〜1931年
明治前期〜昭和前期
現在の高知県出身

あせるべからず。一年遅れたら一年長く生きればいい。

息子が病気になったときにかけた言葉。

濱口雄幸は、政治家、官僚。内閣総理大臣をはじめ、内務大臣、大蔵大臣などを歴任する。生家は林業を営む。明治生まれ初の内閣総理大臣。

帝国大学（現・東京大学）を卒業後、大蔵省に入省する。大蔵次官、逓信次官などを務めて、衆議院議員に当選する。

一九二九年、経済政策を課題に内閣総理大臣に就任。金解禁を断行するが、大不況と社会不安を生み出しただけで経済政策は失敗に終わる。

また、海軍予算の削減を考え、反対を押し切って、日本に不利なロンドン海軍軍縮条約を締結する。しかし、これが右翼の反感を買うことになる。

一九三〇年、東京駅で右翼活動家の佐郷屋留雄に約三メートルの距離から銃撃される。一命を取り留めるが、退院後、衆議院や貴族院の会議に無理を押して出席し、翌年死去する。六十一歳没。

犬養毅《いぬかいつよし》

1855～1932年
江戸後期～昭和前期
現在の岡山県出身

話せばわかる。いま撃った男を連れて来い。よく言って聞かすから。

五・一五事件で銃撃されたときに言った言葉。

犬養毅は、政治家、ジャーナリスト。内閣総理大臣をはじめ、内務大臣、外務大臣、逓信大臣、文部大臣などを歴任する。父親は庄屋や郡奉行を務めた。

慶應義塾在学中に郵便報知新聞（現・報知新聞）の記者として西南戦争に従軍。一八九〇年、第一回衆議院議員の総選挙で当選し、その後、四十二年間で十八回連続で当選するが、これは尾崎行雄（六十三年間連続十五回当選）に次ぐ記録である。

一九三二年、五・一五事件によって総理大臣在任中に暗殺される。七十六歳没。

海軍青年将校ら十九名が首相官邸に侵入。食堂にいた犬養に銃を向ける。犬養は将校を応接室に案内し、「まあ待て。話せばわかる」と諭すが銃撃されてしまう。女中が駆けつけると、標記の言葉を言ったという。

斎藤《さいとう》 実《まこと》

1858～1936年
江戸後期～昭和前期
現在の岩手県出身

雨降って地固まる。これで腹をすえていける。

朝鮮総督に就任し、爆弾の襲撃を受けて。

斎藤実は、政治家、海軍軍人。内閣総理大臣をはじめ、海軍大臣、朝鮮総督、外務大臣、文部大臣などを歴任する。生家は水沢藩士。最終階級は海軍大将。

十歳で明治時代を迎え、海軍兵学校を卒業後、アメリカ勤務を経て、第一次大隈重信内閣で海軍次官に就く。一九一九年、朝鮮総督に就任し、ソウルに到着した当日、独立運動家による爆弾の襲撃を受ける。奇跡的に無傷だった斎藤は、歓迎パーティの席上で標記の言葉を残した。

一九三三年、総理大臣在任中、満州国の独立を承認し、日満議定書を締結する。一方で国際連盟から脱退し、日本は国際的に孤立して行く。その後、軍部の圧力や帝人事件で総辞職した。

一九三六年、内大臣在任中に暗殺によって死去する（二・二六事件）。七十七歳没。

岡田啓介《おかだけいすけ》

1868～1952年
江戸後期～昭和中期
現在の福井県出身

世の中、すべてのできごとは因縁が絡み合って起こるものだ。一人や二人の力でどうなるものではない。

岡田啓介は、政治家、海軍軍人。内閣総理大臣をはじめ、海軍大臣、拓務大臣、逓信大臣、連合艦隊司令長官、海軍次官、艦政本部長、海軍水雷学校の校長などを歴任する。生家は福井藩士。最終階級は海軍大将。

日清・日露戦争、第一次世界大戦では軍人として実績を残すが、天皇機関説の支持者とみられる。

一九三六年、総理大臣在任中に二・二六事件が起こり、首相官邸で襲撃を受ける。女中部屋の押入に隠れて難を逃れるが、秘書官で義弟の松尾伝蔵が身代わりになって殺害される。その後、二・二六事件の責任をとって、内閣は総辞職する。

日米開戦の回避を主張して、東條英機総理大臣と対立。東條は岡田の逮捕監禁を考えたという。

終戦後の一九五二年、サンフランシスコ平和条約を見届け、老衰により死去。八十四歳没。

広田弘毅《ひろたこうき》

1878～1948年
明治前期～昭和中期
福岡県出身

高位の官職中に起こった事件に対しては、喜んで全責任を負うつもりである。

東京裁判の最終弁論において。

広田弘毅は、政治家、官僚。内閣総理大臣をはじめ、外務大臣、貴族院議員などを歴任する。生家は石材店を営む。立身出世の代表として〝石屋のせがれから総理大臣〟と呼ばれた。

東京帝国大学（現・東京大学）を卒業後、外務省に入省。日ソ基本条約の締結などで実力を認められて、外務大臣に就任する。

二・二六事件の直後に成立した広田内閣は、軍備拡張予算を成立させるなど軍部の意見を入れる。

終戦後、東京裁判で死刑判決が下される。標記は最終弁論における言葉。

日米開戦の回避を主張した政治家として国民の信頼があり、減刑の署名が数十万集まる。言論統制が厳しい当時としては異例のことだった。

しかし、文官で唯一のA級戦犯として、一九四八年、絞首刑により死去。七十歳没。

林《はやし》 銑十郎《せんじゅうろう》

1876～1943年
明治前期～昭和前期
石川県出身

結局、なにもかも君の言うとおりになってしまった。なんとも申しわけがない。

林銑十郎は、政治家、陸軍軍人。内閣総理大臣をはじめ、陸軍大臣、外務大臣、文部大臣などを歴任する。生家は旧加賀藩士。最終階級は陸軍大将。

日露戦争に従軍したのち、朝鮮軍司令官、陸軍大将へと昇進する。陸軍大臣在任中、統制派の永田鉄山軍務局長の指示で、皇道派の真崎甚三郎教育総監を辞職させる。二・二六事件後、林は統制派の指導者として行動した。

説明不足から誤解を受けることも多く、一九三七年二月二日から同年六月四日という短命の内閣を総辞職するときには、「なにもせんじゅうろう内閣」「理由ナキ解散」などと批判された。

亡くなる前年、真崎甚三郎を訪ねて派閥争いで辞職させたことを標記のように詫びたという。

一九四三年、脳溢血により死去。六十六歳没。

近衛文麿《このえふみまろ》

1891～1945年
明治中期～昭和前期
東京都出身

私の志は知る人ぞ知る。

遺書より抜粋。自殺の前日、次男の近衛通隆に遺書を口述筆記させた。

近衛文麿は、政治家。内閣総理大臣をはじめ、貴族院議長、枢密院議長、外務大臣、拓務大臣、司法大臣などを歴任する。

父親が貴族院の議長などを務める華族の家系に生まれ、京都帝国大学（現・京都大学）でマルクス経済を学ぶ。

第一次内閣では、盧溝橋事件、日中戦争が勃発する。第二次内閣では、大政翼賛会を設立し、日独伊三国軍事同盟や日ソ中立条約を締結する。

第三次内閣では、日米交渉に失敗して太平洋戦争が勃発する。難しい時期の総理大臣を務めた。

終戦後、A級戦犯として東京裁判で裁かれることが決定すると、一九四五年、青酸カリによる服毒自殺をする。五十四歳没。

現在、総理大臣経験者の自殺は、近衛が唯一であり、もっとも若い没年齢でもある。

平沼騏一郎《ひらぬまきいちろう》

1867～1952年
江戸後期～昭和中期
現在の岡山県出身

どうも日本人は西洋かぶれをしたがる。ことに地位のある人、政治家や学者がそうである。

平沼騏一郎は、政治家、官僚、教育者。内閣総理大臣をはじめ、司法大臣、検事総長、大東文化学院（現・大東文化大学）総長、皇典講究所（國學院大學の設立母体）副総裁、日本大学の総長などを歴任する。生家は津山藩士。大政奉還以前に生まれた最後の総理大臣である。

帝国大学（現・東京大学）を卒業後、司法省に入省。要職を経て法曹界で権力を持ち、右翼の中心人物として帝人事件や企画院事件に関与する。

指紋による前科登録制度を導入し、大逆事件では検事として幸徳秋水らに死刑を求刑する。総理大臣在任中には、国民徴用令などを制定して挙国一致体制を整える一方で、アメリカとの関係維持を主張し、日米開戦には消極的だった。

東京裁判で、A級戦犯として終身刑の判決を受けるが、一九五二年、獄中で死去。八十四歳没。

阿部信行《あべのぶゆき》

1875～1953年
明治前期～昭和中期
石川県出身

陸軍という国家とそれ以外の国家が二つあるような現状では、政治がうまくいくわけがない。

阿部信行は、政治家、陸軍軍人。内閣総理大臣をはじめ、朝鮮総督、外務大臣などを歴任する。生家は旧金沢藩士。最終階級は陸軍大将。

陸軍士官学校を卒業するが、日露戦争やシベリア出兵では実戦には参加しておらず、〝戦わぬ将軍〟と呼ばれた。

総理大臣に就任した約一ヵ月後に第二次世界大戦が勃発する。ドイツと軍事同盟を結ぶことはアメリカやイギリスとの対立を招くとして、大戦への不介入を表明する。しかし、この方針が陸軍の反発を招き、総辞職に追い込まれる。標記は総辞職のときの言葉。

終戦後、A級戦犯容疑で逮捕されるが、突如釈放される。アメリカによる占領が終った翌年の一九五三年、老衰で死去。七十七歳没。

釈放の理由はいまだ謎とされている。

米内光政《よないみつまさ》

1880～1948年
明治前期～昭和中期
岩手県出身

この大事のために、私の命がお役に立つなら、むしろ光栄として喜んで投げ出すよ。

米内光政は、政治家、海軍軍人。内閣総理大臣をはじめ、最後の海軍大臣、連合艦隊司令長官などを歴任する。生家は旧盛岡藩士。最終階級は海軍大将。

幼少の頃から新聞配達などをして家計を助け、苦学の末に海軍兵学校を卒業する。日露戦争に従軍、艦隊司令長官に就く。

内閣総理大臣として日独伊三国同盟に反対すると、陸軍と衝突して六ヵ月で総辞職に追い込まれる。しかし、その後も海軍大臣を長く務め、日米開戦に反対し、開戦後は終結に尽力する。

終戦後も海軍大臣を続け、最後の海軍大臣として、帝国海軍の幕引き役を務める。

日米開戦の反対などの主張や政策から、右翼からたびたび命を狙われた。標記はそのときの言葉。

一九四八年、肺炎により死去。六十八歳没。

東條英機《とうじょうひでき》

1884～1948年
明治中期～昭和中期
東京都出身

第一線の指揮官は、つねに前方を向いていればよい。後方を向くべからず。

陸軍大臣に就いた東條は、「アメリカの要求を飲んで、戦争を回避してもらいたい」という意見に対してこう答えた。

東條英機は、政治家、陸軍軍人。内閣総理大臣をはじめ、軍需大臣、陸軍大臣、内務大臣、外務大臣、文部大臣、関東軍参謀長、関東憲兵隊司令官などを歴任する。父親は東條英教陸軍歩兵中尉。最終階級は陸軍大将。

陸軍士官学校を卒業後、関東軍参謀長に就任し、陸軍大臣などの要職を経て、日米開戦時の内閣総理大臣を務める。

連合国に対抗するために、日本の占領地域の戦争協力体制をつくる目的で、東京で大東亜会議を開く。満州国、南京政府、タイ、フィリピン、ビルマ、インドの代表が集まった。しかし、戦局の悪化により総辞職。終戦後、A級戦犯として逮捕が決まると、拳銃自殺を図るが失敗する。

東京裁判で死刑判決が下り、絞首刑により死去。六十四歳没。

小磯國昭《こいそくにあき》

1880～1950年
明治前期～昭和中期
栃木県出身

日本はこんなに負けているのか。

軍の現場から七年間離れていたにも関わらず、一九四四年に総理大臣に任命されて。

小磯國昭は、政治家、陸軍軍人。内閣総理大臣をはじめ、朝鮮総督、拓務大臣、関東軍参謀長などを歴任する。最終階級は陸軍大将。生家は旧新庄藩士で、父親は警察署警部を務める。

陸軍大学校を卒業後、関東都督府参謀を務める。上等兵という下級階級から大将、さらに総理大臣にまで登り詰めるが、これは極めて異例である。

一九四四年、太平洋戦争の戦局が悪化し、東條英機内閣が総辞職すると総理大臣に任命される。インドネシアの協力を得るために独立を認める（小磯声明）など尽力するが、東京・大阪大空襲を受けて戦局はますます厳しくなる。一方、軍部の妨害を受けて和平工作は行きづまり、結果的に孤立して約八ヵ月半という短命で総辞職になる。

東京裁判で終身禁錮刑になり、一九五〇年、巣鴨拘置所内で食道癌により死去。七十歳没。

鈴木貫太郎《すずきかんたろう》

1868～1948年
江戸後期～昭和中期
現在の大阪府出身

まず私が死花を咲かせる。私の屍を踏み越えて、国民が邁進することを確信する。

一九四五年四月七日、総理大臣就任の挨拶にて。

鈴木貫太郎は、政治家、海軍軍人。内閣総理大臣をはじめ、枢密院議長、外務大臣、大東亜大臣、海軍軍令部長、連合艦隊司令長官などを歴任する。生家は関宿藩士。最終階級は海軍大将。太平洋戦争終結時の総理大臣である。

海軍士官として日清・日露戦争に従軍し、海軍軍令部長などの要職を経て、侍従長に就任する。侍従長と枢密顧問官を務めていたという理由で、二・二六事件で襲撃され一命を取り留める。

江戸時代に生まれた最後の総理大臣であり、また満七十七歳二ヵ月での就任は、総理大臣の就任年齢では、現在最高齢である。

一九四五年八月十五日の早朝、佐々木武雄陸軍大尉らに襲撃され（宮城事件）、玉音放送終了後、総辞職する（東久邇宮内閣成立の同月十七日まで職務執行）。

一九四八年、肝臓癌により死去。八十歳没。

東久邇宮稔彦王《ひがしくにのみやなるひこおう》

1887～1990年
明治中期～平成前期
京都府出身

皆さんから直接手紙をいただきたい。うれしいこと、悲しいこと、不満、なんでもいいから参考にしたい。

終戦直後、このように呼びかけ、国民から数百通もの手紙が毎日届いた。

東久邇宮稔彦王は、政治家、陸軍軍人、教育者。内閣総理大臣をはじめ、陸軍大臣、防衛総司令官、陸軍航空本部長、第四師団長、貴族院議員などを歴任する。最終階級は陸軍大将。

皇族として学習院で学んだのち、陸軍大学校を卒業。太平洋戦争では陸軍大将を務める。フランス留学の経験から欧米との工業力の差を感じ、興亜工業大学（現・千葉工業大学）を創設する。

終戦直後、東久邇宮内閣は唯一の皇族内閣として任命され戦後処理を行なった。降伏文書の調印、陸海軍の解体、復員の処理などを進めたが、GHQの内政干渉に抵抗を示すために、十月九日、総辞職する（首相在任期間は、歴代最短の五十四日間）。

一九四七年には皇籍を離脱し、闇市の食料品店や喫茶店、骨董品の販売などを行なう。

一九九〇年、老衰により死去。一〇二歳没。

幣原喜重郎《しではらきじゅうろう》

1872～1951年
明治前期～昭和中期
大阪府出身

陸軍がフランス領インドシナの南部に進駐すれば、アメリカとの戦争は避けられない。

近衛文麿首相に戦局の見通しを訊かれて。

幣原喜重郎は、政治家、官僚。内閣総理大臣をはじめ、国務大臣、復員庁総裁、第一復員大臣、第二復員大臣、外務大臣などを歴任する。

生家は豪農。帝国大学（現・東京大学）を卒業後、外務省に入省する。外務次官としてワシントン会議では全権委任を任され、このときの国際協調路線は〝幣原外交〟と呼ばれた。

近衛文麿内閣において、フランス領インドシナ南部への進駐が決定する。標記はそのときの言葉。このような外交における洞察力と親英米派としての独自のパイプが評価されて、終戦直後の総理大臣を任される。日本国憲法の草案に着手するが、旧憲法の内容に近いためにＧＨＱに却下される。

総辞職後、民主自由党の衆議院議長に就任する。一九五一年、議長在任中に病気により死去する。七十八歳没。

吉田茂《よしだしげる》

1878～1967年
明治前期～昭和中期
東京都出身

戦争に負けて、外交に勝った歴史はある。

吉田茂は、政治家、官僚、教育者。内閣総理大臣をはじめ、外務大臣、農林大臣、第一復員大臣、第二復員大臣などを歴任する。大日本帝国憲法における最後の総理大臣を務める。父親は土佐藩士で、実業家、自由民権運動家の竹内綱。

東京帝国大学（現・東京大学）を卒業後、外務省に入省し、終戦まで官僚として要職を務め、終戦後、はじめて大臣の職に就く。

戦後の混乱期に外務大臣と総理大臣を長く務め、新憲法の制定、サンフランシスコ平和条約や日米安全保障条約の締結、警察予備隊（現・自衛隊）の創設など戦後日本の方向性を決める役割りを果たす。

国防はアメリカに任せて、国内は経済重視するという政策を築き、標記の言葉を残した。

一九六七年、心筋梗塞を発症し、その二ヵ月後に自邸で死去。八十九歳没。

片山哲《かたやまてつ》

1887～1978年
明治中期～昭和後期
和歌山県出身

政治的には民主主義、経済的には社会主義、国際的には平和主義。

片山哲は、政治家、弁護士。内閣総理大臣をはじめ、初代の日本社会党委員長などを歴任する。ちなみに片山潜との縁戚関係はない。

弁護士の父とクリスチャンの母の間に生まれ、両親の影響を受けた。東京帝国大学（現・東京大学）を卒業後、弁護士になる。

一九三〇年、衆議院議員に初当選する（以降当選十二回）。終戦後の一九四六年、日本社会党の委員長に選出され、翌年、衆議院議員の総選挙で日本社会党が第一党となる。標記はそのときの言葉。

総理大臣に就くと、民主党と国民協同党に声をかけて連立内閣を目指すが、閣僚が決まらず自分が全閣僚を兼任するという異例のかたちでスタートさせた。国家公務員法の制定、警察制度の改革、失業保険の創設などの実績を残す。

一九七八年に死去する。九十歳没。

芦田均《あしだひとし》

1887～1959年
明治中期～昭和中期
京都府出身

軍隊のない国家は国家ではない。交戦権否定など言語道断。いずれ改憲しなくては。

息子の友人に語った言葉。

芦田均は、政治家、官僚。内閣総理大臣をはじめ、国務大臣、外務大臣、厚生大臣などを歴任する。生家は豪農。ちなみに片山哲は大学の同級生。

東京帝国大学（現・東京大学）を卒業後、一九一二年に外務省に入省。海外勤務中にロシア革命やパリ講和会議を体験する。

要職を経て、一九三二年に退官し、衆議院議員に当選する。「天皇機関説」の美濃部達吉を擁護するなど独自のスタンスを示した。

終戦後、幣原喜重郎内閣で厚生大臣を務め、片山哲内閣で外務大臣に任命される。一九四八年、芦田内閣を発足させ、国家行政組織法、教育委員会法、警察官職務執行法など重要法案を制定する。

晩年は、GHQ占領期の歴史を書籍にまとめるなど執筆活動も行なった。一九五九年、衆議院議員在任中に自宅で死亡する。七十一歳没。

鳩山一郎《はとやまいちろう》

1883～1959年
明治中期～昭和中期
東京都出身

明鏡止水《めいきょうしすい》。

宋の思想書『荘子』からの引用。澄み切って邪念がない落ち着いた心という意味。

鳩山一郎は、政治家、弁護士。内閣総理大臣をはじめ、文部大臣、内閣書記官長、東京市会議員などを歴任する。父親は美作勝山藩士で、衆議院議長や弁護士の鳩山和夫。

東京帝国大学（現・東京大学）を卒業後、父の法律事務所に入り、その後、東京市会議員を経て、一九一五年、衆議院議員に当選して政治家になる。

一九三三年、文部大臣在任中に滝川事件が起ると、京都帝国大学に対して滝川幸辰教授の免職を要求するが拒絶される。しかし文官分限令で一方的に滝川教授を休職処分にした。

終戦後、GHQから公職追放を受けるが、解除後、一九五四年から二年間総理大臣に就く。原子力基本法を成立させ、ソビエト連邦との国交を回復させた。

一九五九年に死去する。七十六歳没。

石橋湛山《いしばしたんざん》

1884～1973年
明治中期～昭和後期
東京都出身

わが国の災いのすべての元凶は、小欲に囚われていることだ。志の小さいことだ。大欲を満たすために小欲を棄てよ。

一九二一年、雑誌『東洋経済新報』の記事より抜粋、要約。

石橋湛山は、政治家、陸軍軍人、教育者、ジャーナリスト。内閣総理大臣をはじめ、通商産業大臣、大蔵大臣、郵政大臣、立正大学の学長などを歴任した。父親は日蓮宗の僧侶。最終階級は陸軍少尉。

早稲田大学を卒業後、一九〇八年に毎日新聞社（現在の毎日新聞社とは別会社）に入社する。兵役を経て、東洋経済新報社に入社。大正デモクラシーのリーダーになる。

終戦後、第一次吉田茂内閣の大蔵大臣に就き、進駐軍の経費を削るなど成果を出すが、ＧＨＱに公職追放される。その後、通商産業大臣を経て、一九五六年、アメリカ隷属に留まらず社会主義諸国とも国交をもつことを主張して内閣総理大臣に就くが、脳梗塞で倒れ二ヵ月で総辞職する。

一九七三年に死去する。八十八歳没。

岸《きし》信介《のぶすけ》

1896～1987年
明治中期～昭和後期
山口県出身

日米安全保障条約が、きちんと評価されるには五十年はかかる。

岸信介は、政治家、官僚。内閣総理大臣をはじめ、満州国総務庁次長、商工大臣、外務大臣、国務大臣などを歴任する。父親は山口県庁官吏。

東京帝国大学（現・東京大学）に入学するが、在学中に北一輝の思想に影響を受けて交流をもつ。

農商務省に入省し、一九三六年、満州国に勤務し、満州国産業開発五ヵ年計画を実施する。

一九四一年、東條英機内閣で商工大臣に就き、翌年、衆議院議員に当選する。

終戦後の東京裁判では、A級戦犯容疑者として逮捕されるが、不起訴で釈放される。

一九五七年、内閣を発足させると、吉田茂内閣が締結した日米安全保障条約を改定した新日米安全保障条約を締結する。標記はそのときの言葉。

一九七九年に政界を引退して、一九八七年に死去する。九十歳没。

池田勇人《いけだはやと》

1899～1965年
明治後期～昭和中期
広島県出身

所得の少ない人は麦を多く食う。所得の多い人は米を食う。所得に応じた経済原則にしたい。

池田勇人は、政治家、官僚。内閣総理大臣をはじめ、大蔵大臣、通商産業大臣、国務大臣、経済審議庁長官などを歴任する。父親は郵便局長を務めながら酒造業を営む。

京都帝国大学（現・京都大学）を卒業後、大蔵省に入省し、一九四一年に主税局の国税課長に就く。

大蔵省を退官し、一九四九年、衆議院議員に初当選し、同年、第三次吉田茂内閣の大蔵大臣に就き、ドッジ・ラインの実施など実績を残す。標記は大蔵大臣時代の言葉。

一九六〇年、内閣総理大臣に就任して「所得倍増」をスローガンに掲げる。日英通商航海条約の締結、ＯＥＣＤ加盟、東京オリンピックの開催などを実施して日本を先進国入りさせた。

一九六五年、喉頭癌による術後肺炎により死去。六十五歳没。

第二章　大臣を経験した政治家の名言

榎本武揚《えのもとたけあき》

1836年～1908年
江戸後期～明治後期
現在の東京都出身

学びてのち、足らざるを知る。

学べば学ぶほど、自分の知識不足を実感するという意味。

榎本武揚は、幕臣、政治家、海軍軍人、官僚、教育者。外務大臣をはじめ、海軍卿、初代の逓信大臣、農商務大臣、文部大臣、蝦夷共和国総裁、海軍中将などを歴任する。生家は幕臣。徳川育英会育英黌農業科（現・東京農業大学）を創設した。

樺太探検を経験し、大政奉還後には海軍副総裁に就き、幕府海軍のトップに就く。

戊辰戦争で幕府が新政府軍に敗北すると、不服とし、蝦夷地（現・北海道）に蝦夷共和国を樹立して総裁に就任。しかしすぐに新政府軍に降伏する。

一八七二年、明治新政府に登用され北海道開拓事業を務め、また樺太・千島交換条約に調印した。

その後、幕府の出身にもかかわらず、官僚としての能力を評されて、数々の要職に就く。商務大臣時代には、足尾鉱毒事件の現地視察を行ない、引責辞任する。一九〇八年に死去。七十二歳没。

陸奥宗光《むつむねみつ》

1844～1897年
江戸後期～明治後期
現在の和歌山県出身

政治はアートなり。サイエンスにあらず。巧みに政治を行ない、巧みに人心を治める者は、決して机上の空論をもて遊ぶ人間ではない。

陸奥宗光は、紀州藩士、政治家、官僚。外務大臣をはじめ、農商務大臣、神奈川県令、兵庫県知事などを歴任する。生家は紀州藩士。

神戸海軍操練所を経て、海援隊に参加する。明治新政府では、兵庫県知事などを経て、ヨーロッパに留学し外務省に入省する。しかし西南戦争で、反政府軍と連絡を取り合い投獄される。

その後、一八八八年に日本初の平等条約になる日墨修好通商条約をメキシコとの間で締結する。

一八九二年、第二次伊藤博文内閣で外務大臣に就任。日英通商航海条約を締結し、幕末からの治外法権の撤廃に成功する。以後、不平等条約を結んでいた十五ヵ国と条約改正（治外法権の撤廃）を成し遂げ〝陸奥外交〟と呼ばれる。

日清戦争後の下関条約を有利な条件で締結させ、一八九七年、肺結核により死去。五十三歳没。

小村壽太郎《こむらじゅたろう》

1855年～1911年
江戸後期～明治後期
現在の宮崎県出身

世界のどこに、攘夷なくして成立する国家があるだろうか。ただし、幕末に叫ばれた攘夷と、私が言う攘夷は異なるものである。

小村壽太郎は、政治家、官僚。外務大臣をはじめ、貴族院議員などを歴任する。生家は飫肥藩の下級藩士。

大学南校（現・東京大学）に入学後、ハーバード大学に留学する。司法省に入省するが、外務省へ転出した。一九〇一年、第一次桂太郎内閣の外務大臣に就任し、日英同盟を締結する。日露戦争では、講和会議の全権としてポーツマス条約に調印するが、その内容に不満をもつ反対派が日比谷焼討事件などを起こし批判と罵声を浴びる。

第二次桂太郎内閣でも外務大臣に就任。日米通商航海条約を調印し、関税自主権の回復を果たす。また、日露協約の締結や韓国併合にも関わり、日本の大陸政策を進めた。

一九一一年、桂内閣の総辞職とともに政界を引退する。同年、結核により死去。五十六歳没。

内田康哉《うちだこうさい》

1865〜1936年
江戸後期〜昭和前期
現在の熊本県出身

日本を焼け野原にしても満州国の権益は譲らない。

内田康哉は、政治家、官僚。外務大臣をはじめ、内閣総理大臣臨時代理、南満州鉄道の総裁などを歴任する。生家は熊本藩医。明治から昭和の三時代に外務大臣を務めた唯一の政治家で、外務大臣の在職期間の通算七年五ヵ月は、現在でも最長。

東京帝国大学（現・東京大学）を卒業後、外務省に入省する。イギリスとアメリカに対して協調外交を進めた。

関東大震災の発生時には、加藤友三郎総理大臣が八日前に急逝しており、震災対策の指揮を執る。第一次世界大戦後には、講和会議などの戦後処理を行ない、その後、南満州鉄道総裁に就任する。国際協調主義であったが、満州事変では方針をひるがえして、戦争拡大派として国際連盟の脱退を推進する。標記はそのときの言葉。

一九三六年に死去する。七十歳没。

牧野伸顕《まきののぶあき》

1861～1949年
江戸後期～昭和中期
現在の鹿児島県出身

人種、宗教の怨恨が戦争の原因になっている。

一九一九年のパリ講和会議における発言。

牧野伸顕は、政治家、官僚。外務大臣をはじめ、農商務大臣、文部大臣、宮内大臣、内大臣、福井県知事、茨城県知事、日本棋院の初代総裁などを歴任する。

大久保利通の二男であるが、父の義理の従兄の養子になる。岩倉使節団として渡米し、外務省に入省。ロンドン大使館に赴任する。

英米の影響を受けた自由主義者で国際的な視野をもち、一九一九年のパリ講和会議では、人種差別の撤廃を提案する。標記はそのときの言葉。

二・二六事件では、親英米派の代表として、湯河原の旅館に宿泊していたところを襲撃されるが窮地を脱した。

終戦後、自由党の総裁を望む声もあったが、老齢を理由に政治の世界に復帰することはなかった。

一九四九年に死去する。八十七歳没。

石井菊次郎《いしいきくじろう》

1866年～1945年
江戸後期～昭和前期
現在の千葉県出身

書類の整理をきちっとやるか否かで、外交の勝敗は決まる。

石井菊次郎は、政治家、官僚。外務大臣をはじめ、通商局長、外務次官、枢密顧問官などを歴任する。

上総国に生まれ、東京帝国大学（現・東京大学）を卒業後、外務省に入省し、清公使館勤務の際に義和団の乱に遇う。また、フランス勤務のときに第一次世界大戦が勃発する。

日露協約を進めたのち、アメリカ特派大使として渡米し、中国政策の調整を決める石井・ランシング協定を結ぶ。

国際連盟、ジュネーブ海軍軍縮会議、世界経済会議などに日本の代表として出席する。日独伊三国軍事同盟には反対した。

一九四五年、東京空襲において明治神宮で行方不明になり、死去となる。七十九歳没。

ちなみに、俳人の正岡子規は親戚にあたる。

後藤新平《ごとうしんぺい》

1857～1929年
江戸後期～昭和前期
現在の岩手県出身

金を残して死ぬ者は下だ。仕事を残して死ぬ者は中だ。人を残して死ぬ者は上だ。

脳溢血で倒れた日に側近に残した言葉。

後藤新平は、政治家、官僚、医師、教育者。外務大臣をはじめ、逓信大臣、内務大臣、台湾総督府民政長官、南満州鉄道の初代総裁、鉄道院の総裁、東京市長、拓殖大学の学長などを歴任する。生家は仙台藩士。

福島県の須賀川医学校を卒業後、愛知県医学校（現・名古屋大学医学部）に赴任。二十四歳で学校長と病院長を務める。その後、内務省衛生局に入り、ドイツ留学を経て内務省衛生局長に就くが、相馬事件に巻き込まれて衛生局を退職する。

南満州鉄道の初代総裁に就き、その後、要職を経て、関東大震災では内務大臣と帝都復興院の総裁を務め、東京の復興計画を立案した。

晩年は、政治の近代化のために全国をまわるが、一九二九年、演説で岡山に向かう列車の中で脳溢血で倒れ、京都の病院で死去する。七十一歳没。

佐藤尚武《さとうなおたけ》

1882～1971年
明治前期～昭和後期
大阪府出身

七千万同胞の塗炭《とたん》の苦しみを救い、民族の生存を保持せんことをのみ念願《ねんがん》す。

ポツダム宣言直前、ソビエト連邦特命全権大使として東郷茂徳外務大臣に宛てた電報より。塗炭は、ひどい苦痛。きわめてつらい境遇という意味。

佐藤尚武は、政治家、官僚。外務大臣をはじめ、フランスやイタリア、ソ連などの特命全権大使、外務省外交顧問などを歴任する。父親は津軽藩士で、佐賀県警部長や沖縄県警察部長を務めた。

厳格な家庭で育ち、東京商業学校（現・一橋大学）を卒業後、外務省に入省する。

一九三七年、「平和協調外交」「中国との紛争解決」「ソ連との平和の維持」「対英米関係の改善」を入閣の条件として、林銑十郎内閣の外務大臣に就任する。

その後、終戦まで外務省の外交顧問やソ連特命全権大使などに就き、難しい外交問題に関わる。

終戦後、第一回参議院議員の通常選挙に当選し、以後、連続三期務める。また、伊勢神宮奉賛会の初代会長や日本国際連合協会の会長なども務めた。

一九七一年に死去する。八十九歳没。

宇垣一成《うがきかずしげ》

1868～1956年
江戸後期～昭和中期
現在の岡山県出身

私が出てきたら、「わがままができぬ」と反対する者が大勢いるだろう。

宇垣一成は、政治家、陸軍軍人、教育者。外務大臣をはじめ、拓務大臣、朝鮮総督、陸軍大臣、陸軍大学校の校長、参謀本部の総務部長、拓殖大学の学長などを歴任する。生家は農家。最終階級は陸軍大将。現場より政治に長けた軍政家だった。

陸軍大学校を優秀な成績で卒業し、一九二五年に陸軍大臣に就き、関東大震災の復興予算のために陸軍の軍縮を行なう。

二・二六事件以降、軍部の政治干渉が激しくなると、軍部に抑えが利く人物として総理大臣に名前があがる。しかし石原莞爾などの妨害があり、結果的に組閣にはいたらなかった。標記はそのときの言葉。

終戦後の一九五三年には参議院議員に当選するが、一九五六年、静岡県の松籟荘で議員在任中に死去する。八十七歳没。

野村吉三郎《のむらきちさぶろう》

1877～1964年
明治前期～昭和中期
和歌山県出身

アメリカ国籍なら、アメリカに忠誠を尽くしなさい。それが大和民族の正しい道というものだ。

サンフランシスコの日系人から「日米が開戦したら、我々はどうするべきか」という質問を受けて。

野村吉三郎は、政治家、海軍軍人、官僚。外務大臣をはじめ、枢密顧問官、学習院の院長、日本ビクター株式会社の社長などを歴任する。生家は旧紀州藩士。最終階級は海軍大将。

海軍兵学校を卒業後、随員としてパリ講和会議やワシントン軍縮会議を経験する。

一九三二年、上海天長節爆弾事件で右眼を失明する。この事件では、特命全権公使の重光葵が左脚を失い、陸軍大将の白川義則は翌月に死亡した。

一九三九年、ルーズベルトと知人という理由で外務大臣とアメリカ特命全権大使に就任するが、日米開戦を回避することはできなかった。

終戦後、日本ビクター株式会社の社長に就任し、海上警備隊の創設にも関わる。また、参議院議員として和歌山選挙区で活動する。一九六四年、国立東京第一病院で死去。八十六歳没。

松岡洋右《まつおかようすけ》

1880～ 1946年
明治前期～昭和中期
山口県出身

欧米諸国は、日本をはりつけの刑にしようとしているが、キリストが後世になって理解されたように、日本の正当性は、歴史の中で必ず明らかになるだろう。

国際連盟総会における〝十字架上の日本〟と呼ばれた演説の一部。
この総会のあと、日本政府は国際連盟を脱退する。

松岡洋右は、政治家、官僚。外務大臣をはじめ、拓務大臣、南満州鉄道の理事および総裁などを歴任する。生家は廻船問屋を営む。

十三歳でアメリカに渡り、オレゴン州立大学を卒業する。帰国後、外務省に入省し、南満州鉄道の理事などを経て外務大臣に就く。国際連盟の脱退、日独伊三国同盟や日ソ中立条約の締結など重要な外交を務めた。

国際連盟総会で、「さよなら！」と叫んで退場したという逸話があるが、実際には言っていない。「連盟よさらば！　わが代表、堂々退場す」などと新聞が書き、それが逸話になったと考えられる。

終戦後、東京裁判でA級戦犯の判決を受け、一九四六年、獄中で結核により死去。六十六歳没。

豊田貞次郎《とよだていじろう》

1885～1961年
明治中期～昭和中期
和歌山県出身

海軍としては、日独伊三国同盟は反対だが、国内の調和を優先して政治的に賛成した。この同盟が対米英戦に有利に働くかどうかということとは、別問題である。

一九四〇年、海軍次官に就いたときの言葉。

豊田貞次郎は、政治家、海軍軍人、実業家。外務大臣をはじめ、軍需大臣、運輸通信大臣、商工大臣、拓務大臣、日本製鐵株式会社の社長などを歴任する。生家は旧紀伊田辺藩士。最終階級は海軍大将。

海軍大学校を卒業後、イギリス駐在を命じられ、このときにオックスフォード大学で学ぶ。

その後、艦政本部総務部長をはじめ、呉工廠長、航空本部長など軍事技術関係の勤務が続く。

一九四〇年、海軍次官に就くと、日独伊三国同盟の締結を進め、第三次近衛文麿内閣の外務大臣と拓務大臣に任命され、日米和平成立に努めるが成果を残せずに終わる。

東京裁判ではA級戦犯容疑として逮捕されるが、日米和平交渉の実績を認められて不起訴になる。

一九六一年、腎臓癌により死去。七十五歳没。

東郷茂徳《とうごうしげのり》

1882～1950年
明治前期～昭和中期
鹿児島県出身

私の力がおよばず、ついにアメリカと戦争になってしまった。この戦争は、日本にもっとも有利なかたちで切り上げなければならない。

東郷茂徳は、政治家、官僚。外務大臣をはじめ、大東亜大臣、拓務大臣などを歴任した。日米開戦時と終戦時の外務大臣を務める。父親は薩摩焼職人。東郷平八郎との血縁関係はない。

東京帝国大学（現・東京大学）を卒業後、外務省に入省。一九四一年、東條英機内閣で外務大臣と拓務大臣を務めるが、太平洋戦争が勃発する。標記は正月の挨拶の言葉。

その後、アジア諸国の問題で東條総理大臣と対立して辞任する。しかし、終戦時の鈴木内閣で再び外務大臣に任命される。

日米開戦時の外務大臣だったために、東京裁判で戦争責任を問われ、A級戦犯として禁錮二十年の判決を受ける。

服役中の一九五〇年、動脈硬化性心疾患および急性胆嚢炎の併発で死去。六十七歳没。

重光《しげみつ》 葵《まもる》

1887～1957年
明治中期～昭和中期
大分県出身

日本は東西の架け橋になりうる。

一九五六年、国連総会が日本の国連加盟を承認。
加盟受諾演説での言葉。

重光葵は、政治家、官僚。外務大臣をはじめ、国務大臣、大東亜大臣などを歴任する。父親は士族で郡長を務める。

東京帝国大学（現・東京大学）を卒業後、外務省に入省する。満州事変の停戦交渉を行なうが、朝鮮独立運動家の爆弾を受けて右脚を失う。

日米開戦から終戦後にわたって、東條英機内閣、小磯國昭内閣、東久邇宮稔彦王内閣で外務大臣を務める。一九四五年九月二日、東京湾に停泊したアメリカの戦艦・ミズーリ号で行なわれた降伏文書調印式で、日本政府の全権として署名を行なう。

東京裁判では、A級戦犯の中ではもっとも軽い禁固七年の判決を受ける。仮釈放後、政界に復帰し、再び外務大臣として国際連合の加盟に尽力した。一九五七年、狭心症の発作により、国連加盟の約一ヵ月後に死去する。六十九歳没。

山田顕義《やまだあきよし》

1844～1892年
江戸後期～明治中期
現在の山口県出身

英雄は死す。されど凱旋門は残る。英雄の名声と遺産によって、人はその豊かさを享受《きょうじゅ》するのだ。

パリの凱旋門の前でつぶやいた言葉。（凱旋門は、ナポレオンが戦勝記念に建設したもの）。

山田顕義は、長州藩士、政治家、陸軍軍人、教育者。初代の司法大臣をはじめ、司法卿、内務卿、工部卿などを歴任する。最終階級は陸軍中将。日本法律学校（現・日本大学）、国学院（現・国学院大学）、関西法律学校（現・関西大学）を創設した。父親は長州藩士の海軍頭で毛利定広の警護を務めた。

戊辰戦争では、東征大総督参謀として箱館戦争まで従軍し実績が認められる。

一八七二年、岩倉使節団としてヨーロッパを視察する。標記はそのときの言葉。一八八一年、独自の憲法草案「憲法私案」を提出し、参議兼内務卿に就任。内閣制度が発足すると、司法大臣に就き、民法や商法、訴訟法などの編纂に携わる。

一八九二年、枢密顧問官に就任後、生野の変に敗れて自決した親戚の河上弥市の碑に参拝したのち、卒倒してそのまま死去する。四十七歳没。

金子堅太郎《かねこけんたろう》

1853～1942年
江戸後期～昭和前期
現在の福岡県出身

福岡県の発展は教育の充実からだ。修猷館を再興し、子どもたちに教育を施せば故郷の発展になるだろう。

母校の修猷館の再興に尽力して。

金子堅太郎は、政治家、官僚、教育者。司法大臣をはじめ、農商務大臣、枢密顧問官、二松學舍専門学校（現・二松學舍大学）舎長、日本法律学校（現・日本大学）初代校長などを歴任する。父親は福岡藩の勘定所付。

藩校の修猷館（現・福岡県立修猷館高等学校）で優秀な成績を修める。その後、岩倉使節団に同行しハーバード大学で学び、大学のOBだったルーズベルトと親交をもつ。

帰国後、総理大臣秘書官に就き、大日本帝国憲法や皇室典範、諸法典などを作成する。

司法大臣などの要職を経て、日露戦争やポーツマス会議において、日本に有利になるようにアメリカ大統領のルーズベルトに直接交渉する。

晩年は、語学協会の総裁に就くなど教育や文化に尽力し、一九四二年に死去する。八十九歳没。

尾崎行雄《おざきゆきお》

1858～1954年
江戸後期～昭和中期
現在の神奈川県出身

仮に日本が共和制になれば、三井や三菱が大統領の有力候補になるだろう。

尾崎行雄は、政治家。司法大臣をはじめ、文部大臣、東京市長などを歴任する。父親は漢方医。

慶應義塾（現・慶應義塾大学）や工学寮（現・東京大学工学部）で学び、報知新聞の論説委員を経て、一八九〇年、第一回衆議院議員の総選挙において三重県選挙区で当選、以後、六十三年間連続十五回当選という日本記録をつくる。

しかし、治安維持法に反対するなど、国粋主義化に抵抗して政界では次第に孤立していく。

終戦後、引退を考えるが三重県民が無断で推薦して当選する。九十五歳の衆議院議員は、日本史上最高齢記録。一九五三年の〝バカヤロー解散〟による総選挙で落選して政界を引退する。

一九五四年、直腸癌により死去。九十五歳没。数々の記録から〝憲政の神様〟〝議会政治の父〟などと呼ばれる。

大木遠吉《おおきえんきち》

1871～1926年
明治前期～大正
東京都出身

僕は島津公の邸宅で生まれた。ところが選挙干渉で、政府関係者は自腹を切って運動費を出したものだから、父も邸宅を売り払った仕末だ。

日刊新聞『時事新報』より。

大木遠吉は、政治家。司法大臣をはじめ、鉄道大臣、貴族院議員などを歴任する。父親は文部大臣などを務めた大木喬任。

病弱だったために学校には通わず、家で父の蔵書を読みながら育つ。父が亡くなった翌年から、大木喬任の伝記『談話筆記』の編集を始める。現在でも、この伝記は明治初期の政治状況を知る貴重な資料と言われている。

閥族政治の打破を唱えて、一九〇八年、貴族院議員に就く。原敬内閣と高橋是清内閣で司法大臣を務め、その後、日本工業大学の顧問に就任、加藤友三郎内閣で鉄道大臣に任命される。

大東文化協会の初代会頭や帝国公道会の会長に就任後、立憲政友会と政友本党の統一に尽力するが成し得なかった。一九二六年、旅行中の京都で心臓麻痺で倒れ死去する。五十四歳没。

小川平吉《おがわへいきち》

1870～1942年
明治前期～昭和前期
長野県出身

戦争に勝ちながら、屈辱的な講和を成すとは、なにごとだ。

小川平吉は、政治家、弁護士。司法大臣をはじめ、鉄道大臣、国勢院の総裁などを歴任した。生家は呉服店を営む。

帝国大学（現・東京大学）を卒業後、弁護士になる。日露戦争では主戦論を展開し、講和条約の内容に反対した。標記はそのときの言葉。

日比谷焼打事件を起こした容疑で投獄されるが、証拠不十分で無罪になる。その後も新聞『日本』を創刊するなど国粋主義を推進する。

一九二五年、第一次加藤高明内閣の司法大臣に就任すると、治安維持法の制定に積極的に動く。

田中義一内閣の鉄道大臣に就任するが、私鉄の買収や新線認可の便宜をはかり、一九二九年、五私鉄疑獄事件で懲役二年の実刑判決を受けて市ヶ谷刑務所に留置され、政界から引退する。

一九四二年に死去する。七十二歳没。

原《はら》嘉道《よしみち》

1867〜1944年
江戸後期〜昭和前期
現在の長野県出身

この内容では戦争が〝主〟で、外交が〝従〟のように見える。本当は逆ではないのか。

暴走する軍部が作成した「帝国国策遂行要領」を批判して。

原嘉道は、政治家、弁護士、教育者。司法大臣をはじめ、枢密院議長、中央大学の学長、東京弁護士会の会長、三井信託の取締役などを歴任する。生家は須坂藩の足軽で庄屋格の農家。

帝国大学（現・東京大学）を卒業し、農商務省に入省する。東京と大阪の鉱山監督署長などを務め、一八九三年に退官、弁護士になる。鉱山関係の訴訟を手がけ、東京弁護士会の会長に就任、銀行の法律顧問や大学の商法の講義を行なう。

一九二七年、田中義一内閣の司法大臣に任命され、三・一五事件を指揮し、翌年にも三〇〇名以上の共産党員を検挙する。一九二八年には治安維持法を改正して死刑を取り入れる。しかし日米開戦には反対の立場をとる。標記はそのときの言葉。

一九四四年、枢密院の議長在任中に死去する。七十七歳没。

小山松吉《こやままつきち》

1869～1948年
明治前期～昭和中期
現在の茨城県出身

幸徳秋水ほどの男が、この事件に関係ないはずはないという推定のもとに、証拠はきわめて薄弱ではあったが、検挙することに決めた。

小山松吉は、政治家、官僚、教育者。司法大臣をはじめ、検事総長、法政大学の総長、獨逸学協会中学校の校長、大日本武徳会の顧問などを歴任する。生家は旧水戸藩士。ジャズピアニストの山下洋輔は孫。

獨逸学協会学校（現・獨協大学）を卒業後、一九二四年に検事総長に就き、社会主義者の弾圧において積極的に陣頭指揮をとる。とくに幸徳秋水事件では、社会主義者の一斉摘発に尽力する。標記はそのときの言葉。三・一五事件では、一五〇〇名以上の社会主義者を検挙する。

斎藤実内閣で司法大臣に就き、五・一五事件、神兵隊事件、帝人事件などを処理する。

国内の社会主義者への弾圧は残酷を極めたが、日本の満州の侵略には否定的な立場をとった。

一九四八年に死去する。七十八歳没。

林《はやし》 頼三郎《らいざぶろう》

1878～1958年
明治前期～昭和中期
埼玉県出身

平凡なことを、非凡な努力をもって成す。

林頼三郎は、政治家、官僚、教育者。司法大臣をはじめ、検事総長、大審院長、枢密顧問官などを歴任した。

父親は忍藩の医師だったが、製粉業に失敗して生活は貧しかった。家計を助けるために北埼玉郡役所の給仕になり、その後、弁護士の書生をしながら、東京法学院（現・中央大学）を卒業する。一八九七年、判事検事登用試験と弁護士試験に合格して、水戸区裁判所の検事代理に着任する。

一九一九年、朝鮮で起きた三・一独立運動を視察し、このときの報告から治安維持法が立案された。一九二五年に起った京都府学連事件において治安維持法が初適用されるように画策する。

一九三六年、広田弘毅内閣で司法大臣に就き、終戦後は、中央大学の総長や私立学校振興会長などを務める。一九五八年に死去する。七十九歳没。

風見《かざみ》 章《あきら》

1886～1961年
明治中期～昭和中期
茨城県出身

近い将来、正しい判決を歴史が下してくれるにちがいない。

一九四一年、ゾルゲ事件の証人として法廷に立って。

風見章は、政治家、ジャーナリスト。司法大臣をはじめ、内閣書記官長などを歴任する。生家は農家。

早稲田大学を卒業後、朝日新聞の記者などを経て、信濃毎日新聞の主筆に就く。一九三〇年、衆議院議員に当選する（以降連続四回当選）。

一九三七年、第一次近衛文麿内閣で内閣書記官長を務め、日中戦争の早期解決を目指すが、和平は実現しないまま内閣は総辞職。

一九四〇年、第二次近衛文麿内閣の司法大臣に就くが、大政翼賛会が結成すると辞任する。

一九四一年、かつて内閣の嘱託に採用した尾崎秀実が、ゾルゲ事件（スパイ事件）で逮捕される。風見もスパイ容疑をかけられ、政界から引退する。

終戦後、衆議院議員として政界に復帰するが、一九六一年に死去する。七十五歳没。

木村篤太郎《きむらとくたろう》

1886～1982年
明治中期～昭和後期
奈良県出身

政府はいかなるときでも、民心《みんしん》を十分に把握していかなければならない。

木村篤太郎は、政治家、官僚、弁護士。司法大臣をはじめ、検事総長、法務総裁、初代の法務大臣、行政管理庁の長官、保安庁の長官、防衛庁の初代長官などを歴任する。生家は米穀店を営む。

東京帝国大学（現・東京大学）を卒業後、弁護士になる。終戦後の一九四六年、第一次吉田茂内閣の司法大臣に就き、第三次吉田内閣では法務総裁に任命される。破壊活動防止法を成立させ、警察予備隊から保安隊に移行する再軍備政策に関与し、予備自衛官制度を制定する。

終戦後、剣道はGHQによって禁止されるが、一九五二年に全日本剣道連盟が発足すると会長に就任する。また、一九五三年の参議院議員の通常選挙に奈良県から立候補、当選して二期務める。

政界引退後は、自由民主党同志会の会長に就任、一九八二年に死去する。九十六歳没。

井上準之助《いのうえじゅんのすけ》

1869～1932年
明治前期～昭和前期
大分県出身

成功の裏には苦しい日々があり、敗北の裏には思い上がりがある。

井上準之助は、政治家、財政家。大蔵大臣をはじめ、貴族院議員、日本銀行の総裁などを歴任する。生家は造り酒屋を営む。

東京帝国大学（現・東京大学）を卒業後、一八九六年、日本銀行に入行する。海外勤務を経て大阪支店長に就く。一九一九年に日本銀行の総裁に就任し、昭和金融恐慌の収拾に努める。一九二三年、山本権兵衛内閣の大蔵大臣に任命されると、関東大震災の善後策として被災企業の救済に尽力した。濱口雄幸内閣でも大蔵大臣に就き、金解禁を実施するが、世界恐慌の影響で昭和恐慌が訪れる。総理大臣候補と言われたが、私利私欲のために国益を無視する政治家とも見られていた。

一九三二年、東京府本郷の駒本小学校に総選挙の応援演説で出向き、演説中に射殺される（血盟団事件）。六十二歳没。

早速整爾《はやみせいじ》

1868～1926年
明治前期～大正
広島県出身

経済は政治なり。

早速整爾は、政治家、官僚、実業家。大蔵大臣をはじめ、初代の大蔵政務次官、農林大臣、海軍参政官、鉄道次官などを歴任する。生家は旧広島藩士。

東京専門学校（現・早稲田大学）を卒業後、一八八九年、芸備日日新聞の社主の養子になり社長を務める。地味な地元の問題を重視する編集を行ない、標記はそのときの言葉。

一九〇二年、衆議院議員に無所属で当選し、一九二四年、初代の大蔵政務次官に就任する。第一次若槻禮次郎内閣では、財政の知識に期待されて大蔵大臣に就く。しかし体調を崩し入院。三ヵ月後に死去する。五十七歳没。

一九二九年、広島市の比治山公園に銅像が建てられるが、太平洋戦争の資源回収で取り除かれる。現在でも銅像台座のみが残されている。

片岡直温《かたおかなおはる》

1859～1934年
江戸後期～昭和前期
現在の高知県出身

本日、正午頃におきまして、東京渡辺銀行が、とうとう破綻いたしました。

片岡直温は、政治家、実業家、教育者。大蔵大臣をはじめ、商工大臣、日本生命保険会社の社長、都ホテルの社長などを歴任する。

小学校の教員や滋賀県警察部長などを経て、内務省に入省。しかし官僚を辞めて実業界に入り、日本生命保険会社や都ホテルの社長などを務める。

一方で、一八九三年に衆議院議員に当選する（以降当選八回）。加藤高明内閣で商工大臣に就き、第一次若槻禮次郎内閣で大蔵大臣を務める。

一九二七年、衆議院の予算委員会で、東京渡辺銀行の破綻を明言する。標記はそのときの言葉。

ところが破綻はしていなかった。この失言で取り付け騒ぎが起こり、昭和金融恐慌に拍車をかける結果になったと言われている。

一九三〇年に貴族院の勅選議員に勅任され、一九三四年に死去する。七十四歳没。

三土忠造《みつちちゅうぞう》

1871～1948年
明治前期～昭和中期
香川県出身

書籍をひもとけば、幾千年も昔の人の意見を聞くことも、幾千里も隔てた遠い国の事物を見ることも、意のままにできる。

帝人事件後に執筆した『湘南方丈記』より。帝人事件とは、帝国人造絹絲株式会社（現・帝人株式会社）における株式売買の不正事件。

三土忠造は、政治家。大蔵大臣をはじめ、運輸大臣、内務大臣、鉄道大臣、逓信大臣、文部大臣、内閣書記官長などを歴任する。

尋常師範学校を卒業後、小学校の教員を経て、一九〇八年、衆議院議員に当選する（以降連続十一回当選）。その後、東京日日新聞の編集長を経験し、一九二〇年、原敬内閣の大蔵省参事官に就き、高橋是清大蔵大臣の側近になる。

文部大臣などの要職を経て、一九三四年、鉄道大臣のときに帝人事件が起こり、証言を拒否して偽証罪の容疑で逮捕される。無罪判決が出るが、高橋是清が二・二六事件で暗殺されたこともあり、政治の表舞台から身を引き、枢密顧問官として終戦を迎える。

終戦後、再び運輸大臣や内務大臣の要職に返り咲き、一九四八年に死去する。七十六歳没。

町田忠治《まちだちゅうじ》

1863～1946年
江戸後期～昭和中期
現在の秋田県出身

日本の再建は文化の発展にある。国民は国体を維持し、新生日本の建設に全智全能を発揮するであろう。

町田忠治は、政治家。大蔵大臣をはじめ、国務大臣、商工大臣、農林大臣などを歴任する。生家は秋田藩士。

東京帝国大学（現・東京大学）を卒業後、法制局を経て朝野新聞に入社する。その後、郵便報知新聞（現・報知新聞）の実質的な経営者になる。

一九一二年、衆議院議員に当選し、一九一四年、第二次大隈重信内閣の農商務参政官に就き、米価問題に取り組む。農林大臣としては、農村開発、米価政策で業績を残した。岡田啓介内閣で商工大臣に就き、二・二六事件で暗殺された高橋是清の後任として大蔵大臣を兼任する。

終戦後は、日本進歩党の総裁に就任するが、GHQの公職追放令によって政界から引退する。

一九四六年、第一国立病院に入院、二週間後に死去する。八十二歳没。

結城豊太郎《ゆうきとよたろう》

1877～1951年
明治前期～昭和中期
山形県出身

経済は〝経世済民《けいせいさいみん》〟である。

〝経世済民〟は、世の中を治めて民を救うという意味。中国の『抱朴子』、『宋史』などに見られる表現で、結城の座右の銘だった。

結城豊太郎は、政治家、実業家。大蔵大臣をはじめ、拓務大臣、日本銀行の総裁などを歴任する。生家は酒造業を営む

東京帝国大学（現・東京大学）を卒業後、一九〇四年に日本銀行に入行、本店検査局に勤める。一九一九年には日本銀行の理事に就任し、その後、安田財閥に招かれて組織変革と人材の刷新をはかる。一九三〇年、日本興業銀行の総裁に就任し、一九三六年には商工組合中央金庫の初代理事長に就く。林銑十郎内閣では、大蔵大臣兼拓務大臣兼企画庁総裁を務める。〝軍財抱合〟のもと、大増税予算案を修正して、軍部と財界の調整を行ない、戦時財政金融の運営をはかった。大臣退任後、貴族院勅選議員を経て、日本銀行の総裁を務める。

終戦後、三重県津市の結城神社の宮司に就き、一九五一年に死去する。七十四歳没。

賀《か》屋《や》興《おき》宣《のり》

1889～1977年
明治中期～昭和後期
広島県出身

ここまで落ちれば、むしろさっぱりしてよいですね。

A級戦犯として終身刑になるが、獄中でも悠然としていたという。

賀屋興宣は、政治家、官僚。大蔵大臣をはじめ、法務大臣、日本遺族会の会長などを歴任する。父親は国学者の藤井稜意、母親は愛国婦人会幹事の賀屋鎌子。東京帝国大学（現・東京大学）を卒業後、大蔵省に入省する。

一九三七年、第一次近衛文麿内閣で大蔵大臣に任命され、〝賀屋財政経済三原則〟で日中戦争における予算を算出する。

一九四一年、東條英機内閣で再び大蔵大臣を務める。軍事費中心の発想で増税して日米開戦の予算を組むが、思想的には日米開戦には反対だった。終戦後、戦時下における予算編成の責任者として、東京裁判でA級戦犯として終身刑になる。

一九五八年に赦免され、同年、衆議院議員に当選（以降当選五回）、第二次・第三次池田勇人内閣で法務大臣を務める。一九七七年に死去。八十八歳没。

池田成彬《いけだしげあき》

1867～1950年
江戸後期～昭和中期
現在の山形県出身

「自分には運がないからダメだ」と言う者がいるが、自分にできる最高の仕事をすれば、ダメな運は解消されるはずだ。

池田成彬は、政治家、実業家。大蔵大臣をはじめ、商工大臣、日本銀行の総裁などを歴任する。父親は米沢藩士の池田成章。

東京や横浜で英米人から英語を学ぶ。慶應義塾大学に入学後、渡米しハーバード大学を卒業する。三井銀行に入行し、常務取締役に就くが、昭和金融恐慌ではドル買事件などを起こして〝金持ちの高慢〟と批判される。

三井財閥を退職後、日本銀行の総裁と内閣参議に就く。一九三八年、第一次近衛文磨内閣で大蔵大臣と商工大臣を務めるが、陸軍の圧力に押されて実力を発揮することはなかった。また、親英米派と見なされて憲兵隊の監視対象になる。

終戦後、A級戦犯の容疑者に指定されるが容疑が晴れる。大磯で隠居生活を送り、一九五〇年、腸潰瘍により死去。八十三歳没。

小倉正恒《おぐらまさつね》

1875～1961年
明治前期～昭和中期
石川県出身

まず立派な人間になること。そうでなければ大実業家にはなれない。

小倉正恒は、政治家、実業家。大蔵大臣をはじめ、国務大臣、住友本社の総理事などを歴任する。父親は旧金沢藩士で裁判官を務めた。

東京帝国大学（現・東京大学）を卒業後、内務省に入省し、土木監督署事務官に就く。

一八九九年に退官して住友に入社。要職を経て住友財閥の最高経営者になり、経営の合理化に尽力する。

一九三七年に貴族院議員に就き、第二次近衛文麿内閣で国務大臣、第三次近衛内閣で大蔵大臣に任命される。本来、統制経済には反対だったが、太平洋戦争中に戦時金融公庫の総裁を務める。

しかしこれが終戦後GHQの目にとまり、公職追放の処分を受け、その後、政財界から退く。

晩年は修養団後援会の会長を務めるなど道徳心にこだわり、一九六一年に死去する。八十六歳没。

渋沢敬三《しぶさわけいぞう》

1896～1963年
明治中期～昭和中期
東京都出身

一見つまらないできごとでも、後に資料として使う人のことを考えて、ありのままに書かなければならない。

『渋沢栄一伝記資料』の編纂を指示したときの言葉。

渋沢敬三は、政治家、実業家、民俗学者。大蔵大臣をはじめ、日本銀行総裁、国際電信電話（現・ＫＤＤＩ）の社長、文化放送の社長などを歴任した。祖父は〝日本資本主義の父〟と言われた渋沢栄一。

東京帝国大学（現・東京大学）を卒業後、横浜正金銀行に入行する。その後、第一銀行へ移り、一九四四年、日本銀行の総裁に就く。

終戦後、幣原喜重郎内閣で大蔵大臣に任命される。約半年間で財産税導入、預金封鎖、新円切り替えなどを実施するが、渋沢家がＧＨＱの財閥解体の対象になり公職追放になる。

静岡県内浦（現・沼津市）の四百年にわたる資料を編集したり、多くの民俗学者を育てるなど学者としての功績も大きい。

一九六〇年に旅先の熊本県で倒れ、一九六三年、糖尿病と腎萎縮の併発により死去。六十七歳没。

大屋晋三《おおやしんぞう》

1894～1980年
明治中期～昭和後期
群馬県出身

人生の戦では、相手に負けるより、自分に負けるほうがずっと多い。

大屋晋三は、政治家、実業家。大蔵大臣をはじめ、運輸大臣、商工大臣、帝人株式会社の社長などを歴任する。父親は小学校の校長を務めた。タレントで作家の故大屋政子（一九二〇～一九九九年）の夫としても有名。

東京高等商業学校（現・一橋大学）を卒業後、一九一八年に鈴木商店に入社すると、旧帝国人造絹絲（現・帝人株式会社）に派遣され、一九四五年に社長に就任する。テトロンを導入して世界的なメーカーに育て上げ、〝カリスマ経営者〟と呼ばれる。

また、一九四七年から一九五六年まで参議院議員を務め、その間、大蔵大臣や運輸大臣、商工大臣などの要職に任命される。

一九七〇年代に入ると、オイルショックの影響もあり、帝人の経営は伸び悩み、一九八〇年に死去する。八十五歳没。

一萬田尚登《いちまだひさと》

1893～1984年
明治中期～昭和後期
大分県出身

日本経済の実情を知って欲しい。そして、私の意見を訊いて欲しい。気に入らない部分は聞き流してもらっても結構だから。

終戦後、日本銀行の総裁に就任し、マッカーサーに言った言葉。

一萬田尚登は、政治家、銀行家。大蔵大臣をはじめ、サンフランシスコ講和会議の日本全権代表、衆議院議員、日本銀行の総裁などを歴任する。日本銀行総裁は三一一五日間務め、現在最長である。大分県に生まれ、東京帝国大学（現・東京大学）を卒業後、一九一八年に日本銀行に入行する。

終戦後の一九四六年、日本銀行の総裁に就任する。標記はそのときの言葉。ＧＨＱは聖徳太子の肖像画を紙幣に使用することを禁止しようとするがそれを防ぐ。マッカーサーとは信頼関係があったと言われている。

一九五四年、第一次鳩山一郎内閣で民間人閣僚として大蔵大臣に任命され、デフレ政策を実行する。翌年、衆議院議員に初当選を果たす。

一九六九年、衆議院の解散にともない政界を引退。一九八四年、心不全により死去。九十歳没。

西郷従道《さいごうじゅうどう》

1843〜1902年
江戸後期〜明治後期
現在の鹿児島県出身

過ちをおかしても、心から反省すればそれでよい。くよくよといつまでも思うよりは、次の一歩を踏み出すべきである。

西郷従道は、薩摩藩士、政治家、陸軍および海軍軍人。内務大臣をはじめ、海軍大臣、開拓使長官などを歴任する。最終階級は元帥海軍大将。生家は薩摩藩の下級藩士。西郷隆盛は兄。

兄とともに精忠組に参加して、尊王攘夷運動に身を投じる。その後、薩英戦争や戊辰戦争で認められる。

明治新政府になると、山縣有朋らとヨーロッパに渡り軍隊の研究を行ない、陸軍少将に就く。西南戦争では兄と別れて政府軍として戦う。

一八九一年の大津事件では、ロシアとの摩擦を危惧して犯人の津田三蔵の死刑を主張し、自ら責任をとって内務大臣を辞職する。一八九八年、海軍軍人として初めて元帥の称号を受ける。

一九〇二年、東京目黒の自宅で胃癌により死去。五十九歳没。

品川弥二郎《しながわやじろう》

1843～1900年
江戸後期～明治後期
現在の山口県出身

国を追うのも
人を殺すも
だれも本意じゃないけれど

品川弥二郎が作詞した『宮さん宮さん』より。『宮さん宮さん』は、日本初の軍歌と言われ、戊辰戦争の官軍を歌ったもの。

品川弥二郎は、長州藩士、政治家、教育者。内務大臣をはじめ、内務大書記官、農商務大輔、宮内省御料局長、枢密顧問官などを歴任する。生家は長州藩の足軽。

尊王攘夷運動に参加し、イギリス公使館の焼き討ちなどを実行した。禁門の変では八幡隊長として参戦。その後、薩長同盟の成立に尽力し、戊辰戦争では奥羽鎮撫総督参謀などを務める。

明治新政府でも要職に就き、一八九一年、松方正義内閣で内務大臣に任命されるが、第二回衆議院議員の総選挙で強引な選挙干渉を行ない、結果的に二十五名の死亡者を出して辞任する。

学校教育にも熱心で、獨逸学協会学校（現・獨協中学校、高等学校）や旧制京華中学校（現・京華中学校、高等学校）を創立した。

一九〇〇年、肺炎により死去。五十八歳没。

板垣退助《いたがきたいすけ》

1837～1919年
江戸後期～大正
現在の高知県出身

吾死するとも自由は死せん。(板垣死すとも自由は死せず)

一八八二年、岐阜で行なわれた演説のあとに暴漢に襲われ、そのときに言った言葉。実際には言っていないという説もあるが、板垣の行動を見張っていた警察の記録に残っている。

板垣退助は、土佐藩士、政治家。内務大臣をはじめ、自由党の首相などを歴任する。自由民権運動の指導者で、日本初の政党内閣になる大隈重信内閣の内務大臣を務め、隈板内閣と呼ばれた。百円紙幣に肖像が用いられる。生家は土佐藩上士。

幕末には、後藤象二郎や中岡慎太郎との交流はあったが、坂本龍馬との面識はなかった。

戊辰戦争では、東山道先鋒総督府参謀を務め、甲陽鎮撫隊（元・新選組）を破る。

明治新政府では、参与などの要職を歴任するが、征韓論問題で敗れ辞職。板垣と西郷隆盛を慕って辞職する官僚が六〇〇名にもおよんだ。その後、自由民権運動を広める活動に尽力する。一九〇〇年、立憲政友会の創立とともに政界を引退する。

晩年は、清貧の生活を続けながら自由民権運動に専念する。一九一九年に死去。八十二歳没。

樺山資紀《かばやますけのり》

1837～1922年
江戸後期～大正
現在の鹿児島県出身

現在、日本国民が無事に暮らしていられるのは、我々薩長のおかげである。

一八九一年、第二回帝国議会で行なわれた演説より。

樺山資紀は、薩摩藩士、政治家、陸軍および海軍軍人。内務大臣をはじめ、海軍大臣、文部大臣、台湾総督などを歴任する。生家は薩摩藩士。最終階級は海軍大将。

薩英戦争や戊辰戦争に従軍して認めら、明治新政府になると、西南戦争で政府軍として熊本鎮台参謀長に就き熊本城を守る。その後、一八九〇年から一八九二年にかけて海軍大臣を務める。

一八九一年、帝国議会で艦艇建造費などの増加を提案すると、民党から「海軍内の腐敗を正さないと予算は認められない」と反対される。標記はそのときの言葉。予算増加は不成立となり、衆議院は解散する。衆議院初の解散である。

晩年、脳溢血で倒れて一週間意識がなかったので、周囲が葬式の準備を始めたところ回復して驚かせた。一九二二年に死去。八十四歳没。

児玉源太郎《こだまげんたろう》

1852～1906年
江戸後期～明治後期
現在の山口県出身

第一線の状況に暗い参謀は、物の用に立たない。

児玉源太郎は、徳山藩士、政治家、陸軍軍人。内務大臣をはじめ、陸軍大臣、文部大臣、台湾総督などを歴任する。生家は徳山藩の中級藩士。最終階級は陸軍大将。日露戦争で満州軍総参謀長を務め〝名将〟と呼ばれた。

下士官として箱館戦争に参加したのち、陸軍に入隊する。明治新政府では、佐賀の乱や神風連の乱、西南戦争に従軍する。とくに西南戦争では、参謀長格で熊本籠城を指揮し、実力を発揮する。

日露戦争では、満州軍総参謀長として勝ち進む反面、日本軍の限界をいち早く察知して、早期終結を提案する。陸軍首脳部は戦域拡大を主張するが、山本権兵衛海軍大臣が児玉の意見に賛成し、日露講和の準備が始められた。

一九〇六年、自宅において就寝中に脳溢血により急死。五十四歳没。

すえつぐのぶまさ
末次信正

1880～1944年
明治前期～昭和前期
山口県出身

考えていたらなにもできない。数年、南方を確保すれば次第に日本の自給自足体制は強化される。だから長期になればなるほど日本の体制は強化されるわけです。

日米戦の見通しを訊かれて。

末次信正は、政治家、海軍軍人。内務大臣をはじめ、教育局長、連合艦隊司令長官、内閣参議などを歴任する。最終階級は海軍大将。〝潜水艦戦術の権威〟と呼ばれる。

出身地は山口県だが、生家は旧徳山藩士。日露戦争に出征後、海軍大学校を卒業する。

一九三〇年、ロンドン海軍軍縮条約に軍令部次長として反対し、統帥権干犯問題にまで発展する。

その一方で、海軍青年将校や国民から司令長官として信頼されていた。

一九三七年、第一次近衛文麿内閣で内務大臣に就任する。この人事は末次を支援する右翼団体を取り込む目的があったと言われる。一時は、末次内閣成立の動きもあったが、右翼団体とのつながりが危惧され、結果的に東條英機内閣が発足する。

体調を崩して一九四四年に死去。六十四歳没。

木戸幸一《きどこういち》

1889～1977年
明治中期～昭和後期
東京都出身

歴史はまわった。なにがあっても戦争は終る。もう私は殺されてもいい。

木戸幸一は、政治家、官僚。内務大臣をはじめ、最後の内大臣、文部大臣、初代の厚生大臣などを歴任する。父親は侯爵木戸孝正。木戸孝正は長州藩の重鎮の木戸孝允と親戚関係にあった。

京都帝国大学（現・京都大学）を卒業後、農商務省に入省し、内大臣府秘書官長に就任する。だれが総理大臣に就くかその推薦は、長い間、西園寺公望が行なっていたが、西園寺のあとは終戦直後まで木戸の仕事になる。東條英機を総理大臣にしたのも木戸である。

太平洋戦争末期に終戦工作に尽力するが、これが陸軍から反感を買い、終戦日に自宅を焼き討ちされる（宮城事件）。標記はそのときの言葉。

東京裁判で終身禁固刑の判決を受ける。一九五五年に仮釈放され、一九七七年、胆汁性肝硬変により死去。八十七歳没。

大達茂雄《おおだちしげお》

1892～1955年
明治中期～昭和中期
島根県出身

逃亡予防を目的とした戦時猛獣処分を上野動物園でも行なってください。

大達茂雄は、政治家、官僚。内務大臣をはじめ、文部大臣、福井県知事、内務次官、初代の東京都長官、昭南（シンガポール）市長などを歴任する。生家は造り酒屋を営む。

東京帝国大学（現・東京大学）を卒業後、内務省に入省。満州国の国務院総務庁長などに就くが、関東軍と対立して辞任する。一九四三年、東京都長官に就き、学童疎開や建物疎開を促進する。また、戦時猛獣処分として上野動物園の動物の毒殺などを命じた。標記はそのときの言葉。

一九四四年、小磯國昭内閣で内務大臣に就くが、終戦後、小磯内閣で閣僚だった責任をＧＨＱに問われて公職追放を受ける。一九五二年に追放が解除されると、一九五三年、第五次吉田茂内閣で文部大臣に就任し、教育二法案を成立する。

一九五五年、胃癌により死去。六十三歳没。

山崎《やまざき》巌《いわお》

1894～1968年
明治中期～昭和後期
福岡県出身

天皇制に反対する者は、みんな共産主義者であるから、戦争が終っても、そういう者は治安維持法で逮捕する。

山崎巌は、政治家、官僚。内務大臣をはじめ、自治大臣、警視総監、国家公安委員会の委員長、内務次官、静岡県知事などを歴任する。

東京帝国大学（現・東京大学）を卒業後、内務省に入省する。その後、静岡県知事を経て、警視総監に就くが、このときに企画院事件が起こり、治安維持法違反として職員や関係者を多数検挙する。

終戦後、東久邇宮稔彦王内閣で内務大臣に就き、GHQの政治犯釈放命令に反対し、治安維持法の継続を主張するが公職追放される。標記はそのときの言葉。

一九五二年、衆議院議員に当選する。一九六〇年、第一次池田勇人内閣で、自治大臣および国家公安委員会の委員長に就任する。しかし日本社会党委員長の浅沼稲次郎暗殺事件で辞任した。

一九六八年に死去。七十三歳没。

植原悦二郎《うえはらえつじろう》

1877～1962年
明治前期～昭和中期
長野県出身

敵を倒すのが戦争の目的なのに、講和の準備をするとはなにごとか。

植原悦二郎は、政治家、教育者。内務大臣をはじめ、国務大臣、衆議院外務委員長、大学の講師（政治学、比較憲法論）などを歴任する。

貧しい家庭に生まれ、豊科高等小学校を卒業後、製糸工場で女工の検番などを経験する。その後、アメリカに留学して苦学の末、ロンドン大学大学院で博士号を取得する。帰国後、明治大学や立教大学、東京高等工業学校で教鞭をとる。

一九一七年、衆議院議員に当選する（以降当選十三回）。その後、逓信参与官や外務参与官、衆議院副議長などの要職を務める。

太平洋戦争の敗戦が濃厚になると、予算委員会で「早く和平の準備をするべきだ」と東郷茂徳外務大臣が発言し、標記はその発言に対する言葉。

晩年は、松本外語学院の経営を助けるなど教育に力を入れ、一九六二年に死去する。八十五歳没。

森《もり》 有礼《ありのり》

1847～1889年
江戸後期～明治中期
現在の鹿児島県出身

もし日本が、西欧と歩みをともにしようとするなら、ヨーロッパ語の一つを自国語として採用すべきである。

アメリカの言語学教授に宛てた手紙より。

森有礼は、薩摩藩士、政治家、教育者。初代の文部大臣をはじめ、明六社の会長などを歴任する。生家は薩摩藩士。〝明治六大教育家〟の一人で、日本の近代の学校制度をつくる。一橋大学の創設者としても有名。

江戸の開成所で英学を学び、英米に留学する。明治維新後に帰国、啓蒙を目的にした明六社を結成する。日本語を廃止して英語を自国語にするという持論を展開したと言われているが、実際には〝英語を使え〟と言ってはいるが〝日本語を廃止しろ〟とは言っていない。

一八八七年、伊勢神宮内宮を訪れ、御簾の前で参拝するが、「土足で拝殿に上った」と新聞で報道されて士族の怒りを買う。一八八九年、大日本帝国憲法発布式典の出席準備をしていたところを出刃包丁で斬られ、翌日死去する。四十一歳没。

大木喬任《おおきたかとう》

1832～1899年
江戸後期～明治後期
現在の佐賀県出身

村に学問のない家がなく、なおかつその家にも学問のない人がいない。そういう社会にしよう。

初代文部卿に就き、学制を発布して。

大木喬任は、佐賀藩士、政治家。文部大臣をはじめ、司法大臣、班列、枢密院議長、元老院議長、文部卿、司法卿、教部卿、民部卿、東京府知事などを歴任する。生家は佐賀藩士。

幕末には義祭同盟に参加するなど尊皇攘夷の志士として藩政改革を提唱するが、佐賀藩の佐幕思想を変えることはできなかった。

明治新政府では、軍務官判事や東京府知事などを経て、一八七一年、文部卿として学制を制定する。標記はそのときの言葉。

征韓論には反対の立場をとり、神風連の乱、萩の乱などの平定後、現地で戦後処理にあたる。

民法編纂総裁として法典編纂を行なうなど、明治以降の法律の基礎をつくるが、旧佐賀藩の重鎮である大隈重信とは戸籍法の制定などで対立した。

一八九九年に死去する。六十七歳没。

福岡孝弟《ふくおかたかちか》

1835～1919年
江戸後期～大正
現在の高知県出身

我々は天を翔《か》ける鶴。鳥かごの中に入るものではない。

『福岡孝弟手記』より。

福岡孝弟は、土佐藩士、政治家。文部卿をはじめ、司法大輔、元老院議官、参議、宮中顧問官などを歴任する。五箇条の御誓文を起草した。生家は土佐藩士。

吉田東洋の門下生で、新おこぜ組を結成して土佐勤皇党を弾圧する。藩の施設である開成館で、西洋に習った科学教育や殖産興業政策を推進した。

山内容堂の公武合体論を実現するために、一八六七年、薩摩藩と薩土盟約を締結する。

明治新政府では、参与として旧越前藩の由利公正と五箇条の御誓文を起草する。その後、高知藩庁に権大参事として勤務し、財政整理に努める。

文部大輔などの要職を経て、司法大輔に就き、妾禁止の建白書を提出するが採用されなかった。

薩長派閥と土佐派閥の緩衝役として、枢密顧問官を務め、一九一九年に死去する。八十四歳没。

蜂須賀茂韶《はちすかもちあき》

1846〜1918年
江戸後期〜大正
現在の徳島県出身

愛日《あいじつ》

中国の思想書『揚子法言』の言葉。時間を惜しんで学び、親孝行をするという意味。一八八二年、蜂須賀の書いた「愛日黌」の額が、徳島市立佐古小学校に飾られた。

蜂須賀茂韶は、徳島藩の最後になる第十四代藩主、政治家、官僚。文部大臣をはじめ、東京都知事などを歴任する。

戊辰戦争が勃発すると徳島藩は新政府軍につくが、鳥羽・伏見の戦いの最中に父の蜂須賀斉裕が亡くなり、戦の中で家督を継ぐ。新式のイギリス軍備で戊辰戦争に臨むが、藩兵の人数は少なく、藩としての評価は低いものだった。

明治新政府になると、イギリスに留学し、帰国後、外務省に入省する。その後、東京府知事に就き、第二次松方正義内閣で文部大臣に任命される。

初代藩主蜂須賀正勝は、羽柴秀吉に仕えた戦国武将だったが、『太閤記』に盗賊あがりという記述があり、茂韶はこれを嫌っていたという。

晩年は華族の資産活用、俳句や能楽、相撲の振興に尽力する。一九一八年に死去。七十一歳没。

外山正一《とやままさかず》

1848～1900年
江戸後期～明治後期
現在の東京都出身

敵の亡《ほろ》ぶる夫迄《それまで》は　進めや進め諸共《もろとも》に
玉ちる劔《つるぎ》抜き連れて　死ぬる覚悟で進むべし

「抜刀隊」という外山の詩の一部。西南戦争における抜刀隊を詠ったものだが、のちに「扶桑歌」「陸軍分列行進曲」になる。

外山正一は、政治家、教育者、社会学者。文部大臣をはじめ、東京大学の総長、貴族院議員などを歴任する。正則予備校（現・正則高等学校）を創立し、また、女性の教育権や公立図書館の整備に尽力した。父親は旗本で幕府講武所歩兵指南役。

幕末にイギリスに留学し、明治新政府では外務省弁務少記に就く。一八七七年、東京大学（のちに東京帝国大学）で日本人初の教授になる。英文学教育の充実のため、ラフカディオ・ハーン（のちの小泉八雲）を東京帝国大学の英文学の講師に招いた。

貴族院議員を経て、第三次伊藤博文内閣の文部大臣などを務める。

『日本絵画の未来』などの著書を多数発表し、日本初の近代的啓蒙学術団体の明六社の会員になる。

一九〇〇年、中耳炎が悪化、脳症により死去。五十一歳没。

菊池大麓《きくちだいろく》

1855～1917年
江戸後期～大正
現在の東京都出身

留学中に経験したイギリス魂の高潔《こうけつ》さほど、私を感動させたものはない。

留学したケンブリッジ大学で、菊池は数学の成績が首席だった。菊池は嫉妬からいじめにあったが、ある秀才の学友がノートを見せてくれるなど助けてくれたという。その友人に対する言葉。

菊池大麓は、政治家、教育者。文部大臣をはじめ、帝国学士院長、帝国大学理科大学の学長、学習院の院長、京都帝国大学の総長、理化学研究所の所長などを歴任する。父親は学者の箕作秋坪。長女は天皇機関説の美濃部達吉と結婚する。よって東京都知事を務めた美濃部亮吉は孫。

イギリス留学を二度経験するが、二度目の留学ではケンブリッジ大学で数学と物理学の学位を取得する。標記はそのときの言葉。

帰国後、東京大学の総長や学習院の院長、京都帝国大学の総長などに就いて近代数学を広め、明治時代の教育に尽力した。

一八七四年、福澤諭吉の勧めで明六社に参加する。のちに福澤が創立した交詢社にも参加するなど、二人はお互いの研究を認め合った。

一九一七年に死去する。六十二歳没。

小松原英太郎《こまつばらえいたろう》

1852～1919年
江戸後期～大正
現在の岡山県出身

日露戦争が終って、社会の風潮は軽薄に傾き、学生もこれに感染している。

小松原英太郎は、政治家、官僚、教育者。文部大臣をはじめ、長崎県知事、静岡県知事、埼玉県知事、拓殖大学の総長、大阪毎日新聞社の社長などを歴任する。生家は農業と鰻問屋を営む。

慶應義塾（現・慶應義塾大学）に入学後、一八七六年、政府を批判する論説「圧制政府転覆すべし」を発表して、新聞紙条例違反で逮捕され、二年間の獄中生活を送る。釈放後、朝野新聞社に入社。

一八八〇年、外務省に入省してドイツ勤務を経験する。帰国後、内務次官などの要職を経て、一八九二年、内務省警保局長として衆議院議員の総選挙で選挙干渉を指揮する。

第二次桂太郎内閣で文部大臣に就任し、中西事件を処理するなど国民教化に尽力する。

晩年は一九一九年に死去するまで、枢密顧問官を務めた。六十七歳没。

松田源治《まつだげんじ》

1875～1936年
明治前期～昭和前期
大分県出身

近頃、家庭でパパだのママだのという言葉が流行っているようだが、正しい日本語を使わないから、日本古来の親孝行の精神が頽廃《たいはい》するのだ。

一九三四年、文部大臣に就任して。

松田源治は、政治家、弁護士。文部大臣をはじめ、拓務大臣、衆議院の副議長などを歴任する。日本法律学校（現・日本大学）を卒業後、弁護士を経て、一九〇八年、衆議院議員に初当選し立憲政友会に入る（以降当選九回）。

一九二九年、濱口雄幸内閣で拓務大臣に就任するが、濱口総理大臣が東京駅構内で右翼活動家に銃撃されて総辞職。一九三四年、岡田啓介内閣で文部大臣に就任する。標記はそのときの言葉。

一九三五年に天皇機関説事件が起きると、軍部や右翼の圧力で国体明徴訓令を発し、統治権の主体が天皇に存することを明示した。

また、芸術の統制強化を目的として、日本美術展覧会の制度変更に着手するが、美術界に混乱もたらす結果になる。

一九三六年、文部大臣在任中に死去。六十歳没。

平生釟三郎《ひらおはちさぶろう》

1866～1945年
江戸後期～昭和前期
現在の岐阜県出身

常に備へよ。

自身が座右の銘にしていた言葉で、平生が創設した甲南小学校などの校庭の石碑にもこの言葉が刻まれている。

平生釟三郎は、政治家、教育者、実業家。文部大臣をはじめ、川崎造船所の社長、日本製鉄の会長、大日本産業報国会の会長、甲南学園の理事長などを歴任する。生家は加納藩士。灘購買組合（初の生協）、大阪ロータリークラブの設立など幅広く活動した。

高等商業学校（現・一橋大学）を卒業後、兵庫県立神戸商業学校（現・兵庫県立神戸商業高等学校）の校長に就く。一九一〇年から二十数年かけて甲南学園と甲南病院を設立する。また、十万人の失業者が出ると言われた倒産寸前の川崎造船所（現・川崎重工業）の社長に就き、二年間で再建に成功する。

政界にも活動の場を広げ、一九三六年には広田弘毅内閣で文部大臣に任命される。

その後、一九四三年に枢密顧問官に就き、一九四五年に死去。七十九歳没。

橋田邦彦《はしだくにひこ》

1882～1945年
明治前期～昭和前期
鳥取県出身

科学する心。

橋田邦彦は、政治家、医学者、教育者。文部大臣をはじめ、教学錬成所長、文部省思想視学委員、東京帝国大学（現・東京大学）の教授などを歴任する。父親は鳥取藩士で漢方医を勤めた。

東京帝国大学を卒業し、ドイツ留学後、一九二二年に東京帝国大学の教授に就く。

生理学者の業績が認められて、文部省思想視学委員をはじめ、近衛文麿内閣と東條英機内閣で文部大臣を務める。国民学校令の公布をはじめ、軍国主義教育を推進する。一方で、芸術院を創設して文化勲章を制定した。

終戦後、GHQからA級戦犯の容疑者に指名される。一九四五年、警察が自宅に迎えに来たとき、トイレで青酸カリを服用して玄関で死去する。

今日、たびたび目にする〝科学する心〟という表現は、橋田の造語と言われている。

前田多門《まえだたもん》

1884～1962年
明治中期～昭和中期
大阪府出身

目は無限の彼方を、足はしっかりと大地を。

前田多門は、政治家、官僚、実業家。文部大臣をはじめ、都市計画課長、新潟県知事、現・ソニー株式会社の初代社長などを歴任する。生家は裕福な商家。

東京帝国大学（現・東京大学）を卒業後、内務省に入省する。後藤新平内務大臣の秘書官を経て、朝日新聞の論説委員などを務め、一九四三年には新潟県知事に就く。

終戦後、東久邇宮稔彦王内閣で文部大臣に就き、戦後の教育改革に着手する。次の幣原喜重郎内閣でも文部大臣に任命されるが、新潟県知事時代に大政翼賛会と関係があったことをGHQにとがめられ公職追放になる。なお、官報から発布された昭和天皇の詔書（人間宣言）の作成に関わった。

その後、国際労働機関の日本会長など幅広く活動した。一九六二年に死去する。七十八歳没。

安倍能成《あべよししげ》

1883～1966年
明治中期～昭和後期
現在の愛媛県出身

自なくして他なく、他なくして自なし。

安倍能成は、政治家、教育者。文部大臣をはじめ、旧制第一高等学校の校長、学習院の院長などを歴任する。父親は医師。岩波書店の経営に関わり、一九五八年に『岩波茂雄伝』で読売文学賞を受賞する。

東京帝国大学（現・東京大学）を卒業後、自然主義文学の文芸評論を手がけながら、慶應義塾大学や法政大学で教鞭をとる。

一九二四年にヨーロッパ留学を経験し、帰国後、京城帝国大学（現在のソウル特別市に設立）の教授として朝鮮の文化を研究し、日本人の朝鮮蔑視の緩和に努めた。また、軍国主義教育に反対したり、日中戦争の早期講和を近衛文麿に忠告する。このような言動で憲兵隊の監視対象になった。

終戦後には幣原喜重郎内閣で文部大臣に就任。死去するまで学習院の院長を務めた。八十二歳没。

田中耕太郎《たなかこうたろう》

1890～1974年
明治中期～昭和後期
鹿児島県出身

雑音に惑わされるな。

田中耕太郎は、政治家、教育者、法学者。文部大臣をはじめ、最高裁判所の長官、東京帝国大学（現・東京大学）の法学部長などを歴任する。父親は裁判官と検察官を務める。

東京帝国大学に入学、在学中に高等文官試験に合格する。欧米留学後、一九二三年、東京帝国大学の教授に就任する。

終戦後、文部省の学校教育局長に就き、第一次吉田茂内閣で文部大臣に就任して、教育基本法の制定に尽力する。一九五〇年、最高裁判所の長官に就任する（大臣経験者が、最高裁判所の長官になったのは田中だけ）。長官在任中に、八海事件や松川事件などの〝世紀の冤罪〟が起こるが、マスコミなどの論調に対して、標記の発言をするなど、ごう慢な姿勢が批判された。

一九七四年、聖母病院で死去する。八十三歳没。

谷《たに》干城《かんじょう》

1837～1911年
江戸後期～明治後期
現在の高知県出身

政治家は、自ら進んで新聞や人前で討論すべきである。それによって人心《じんしん》が活発になり、腐敗の世態《せたい》が回復するであろう。

谷干城は、土佐藩士、陸軍軍人、政治家、教育社。初代の農商務大臣をはじめ、陸軍士官学校長、学習院の院長などを歴任する。父親は土佐藩上士で儒学者。

武市半平太と知り合い尊王攘夷に傾倒する。戊辰戦争では、板垣退助の迅衝隊の大軍監として活躍した。明治新政府では、陸軍少将として熊本鎮台司令長官を務め、西南戦争では熊本城を守る。

一八八五年、第一次伊藤博文内閣で初代の農商務大臣に就任し、条約改正に関する「意見書」を内閣に提出して評価される。標記はその一部。しかし、伊藤内閣の欧化政策を批判して辞任する。

その後、新聞『日本』を主宰して、国粋主義や農本主義を推進するが、貴族院議員に就くと藩閥にとらわれず日清・日露戦争に反対した。

一九一一年に死去する。七十四歳没。

岩村通俊《いわむらみちとし》

1840～1915年
江戸後期～大正
現在の高知県出身

男子たるもの、事を起すときは志を貫徹すべきである。しかし失敗して捕われた以上は、潔く覚悟を決めるべきである。

完全黙秘する萩の乱の指揮官である奥平謙輔を諭したときの言葉。

岩村通俊は、土佐藩士、政治家、官僚。農商務大臣をはじめ、佐賀県令、鹿児島県令、沖縄県令、初代の北海道庁長官、会計検査院長などを歴任する。生家は土佐藩陪臣。

岡田以蔵から剣術を学び〝幕末四大人斬り〟の一人と呼ばれる。明治新政府になると、開拓使判官として札幌の開拓に着手する。その後、萩の乱の鎮静に尽力した。標記はこのときの言葉。

次いで西南戦争が起こると、鹿児島県令に任命され、敗北を認め自刃した西郷隆盛の遺体を鹿児島浄光明寺に葬ったという。一八八六年に北海道庁が設置され、初代長官に任命される。

一八八九年、第一次山縣有朋内閣で農商務大臣に就任する。その後、宮中顧問官や貴族院議員などの要職を経て、一九一五年、東京の自宅で死去する。七十四歳没。

佐野常民《さのつねたみ》

1823～1902年
江戸後期～明治後期
現在の佐賀県出身

「敵味方の区別なく戦場で傷ついた者を助ける」という赤十字の精神を日本にも広めたい。

佐野常民は、佐賀藩士、政治家。農商務大臣をはじめ、大蔵卿、元老院議長、枢密顧問官などを歴任する。日本赤十字社の創始者で、〝佐賀の七賢人〟と呼ばれた。

佐賀藩士の家に生まれ、佐賀藩医の養子になる。江戸や京都、大坂、長崎などで学び、江戸では勤皇運動に参加した。

佐賀藩が創立した三重津海軍所の監督を経て、一八六七年、パリ万国博覧会に派遣される。造船技術を学ぶとともに赤十字社の存在を知る。標記はそのときの言葉。西南戦争が勃発すると、日本版赤十字ともいえる博愛社を立ち上げる。

一方、一八七九年に龍池会（現・日本美術協会）を発足し、日本美術の海外流出を防ぎ、芸術家の保護と育成に尽力する。

一九〇二年、東京の自宅で死去。七十九歳没。

伊東巳代治《いとうみよじ》

1857～1934年
江戸後期～昭和前期
現在の長崎県出身

私は憲法の番人である。

伊東巳代治は、政治家、官僚。農商務大臣をはじめ、内閣書記官長などを歴任する。生家は長崎町年寄。

英語力と実務能力が伊藤博文に認められて、明治新政府の工部省に入省する。一八八二年、欧州の憲法調査団に参加し、帰国後、伊藤の秘書官として、大日本帝国憲法の起草に参加する。

その後、第二次伊藤内閣では内閣書記官長、第三次伊藤内閣では農商務大臣などに任命される。

一八九一年、在官のまま東京日日新聞（現・毎日新聞）の社長を勤め、日清戦争から日露戦争まで政府を擁護する記事を発表した。

一八九九年には枢密顧問官に就き、亡くなるまで政界全体に影響力を及ぼし、自らを〝憲法の番人〟と呼んだ。

一九三四年に死去する。七十六歳没。

内田信也《うちだのぶや》

1880～1971年
明治前期～昭和後期
茨城県出身

おれは神戸の内田だ。金はいくらでも出す。助けてくれ。

内田信也は、政治家、実業家。農林大臣をはじめ、農商大臣、鉄道大臣などを歴任する。生家は旧常陸麻生藩士。山下亀三郎、勝田銀次郎とともに〝三大船成金〟と呼ばれる。

東京高等商業学校（現・一橋大学）を卒業後、三井物産へ入社。その後、内田汽船を神戸に開業し、第一次世界大戦を利用して莫大な利益を得る。

一九一九年に東海道線の転覆事故に遭遇するが、そのときに標記の言葉を叫んだという。

岡田啓介内閣で鉄道大臣、東條英機内閣では農商務大臣に就任し、太平洋戦争の早期終結を望む。終戦後、一九五二年に衆議院議員に当選し、第五次吉田茂内閣で農林大臣に任命される。

晩年は、明治海運株式会社の取締役会長などを歴任して海運界に影響を持ち続けた。

一九七一年に死去する。九十歳没。

石黒忠篤《いしぐろただあつ》

1884～1960年
明治中期～昭和中期
東京都出身

農は国の本なるもの。しかしこれは決して、農業の利益のみを主張する思想ではない。

石黒忠篤は、政治家、官僚。農林大臣をはじめ、農商大臣、参議院外務委員長などを歴任する。父親は陸軍軍医として、明治の軍医制度を確立した石黒忠悳。

東京帝国大学（現・東京大学）を卒業後、農商務省に入省する。一九一〇年、新渡戸稲造の自宅で柳田國男らと郷土会を開き、学んだことを農本主義として、のちに農林大臣で活かした。

一九三一年に農林次官に就任する。標記はそのときの言葉。一九四〇年、第二次近衛文磨内閣の農林大臣に就任し、日独伊三国軍事同盟には最後まで反対する。

終戦後の一九五二年、参議院議員の補欠選挙に当選するが、国政の要職は断り、戦後の農業の再建と平和主義の啓蒙に尽力した。

一九六〇年に死去する。七十六歳没。

後藤象二郎《ごとうしょうじろう》

1838～1897年
江戸後期～明治後期
現在の高知県出身

大政奉還が実行されなければ、私も生きて二条城から帰る意志はない。

後藤象二郎は、土佐藩士、政治家。逓信大臣をはじめ、農商務大臣、大阪府知事などを歴任する。幕末の志士の重要人物の一人でもある。

土佐藩士の家に生まれ、義理の叔父にあたる吉田東洋に育てられる。土佐勤王党を弾圧後、土佐藩の前藩主山内容堂の信頼を得て、公武合体論者として名を馳せる。長崎出張中に坂本龍馬と交流をもち、坂本の船中八策に影響を受けた大政奉還を山内容堂に提出する。

一八六七年、二条城に四十藩もの重臣が集まり、大政奉還が成立する。標記はこのときの言葉。これをきっかけに幕末の功労者になる。

明治新政府でも要職に就くが、一八九四年、収賄事件の責任をとって農商務大臣を辞任する。

心臓病を患い箱根で療養し、一八九七年に死去する。五十九歳没。

久原房之助《くはらふさのすけ》

1869～1965年
明治前期～昭和中期
山口県出身

日本の政党を一つにして、超人である私が、その政党を率いることが最善だ。

自らを「一代で巨万の富を築いた超人」と豪語し、政界でも頂点に立つと断言した（一国一党論）。

久原房之助は、政治家、実業家。逓信大臣をはじめ、内閣参議、大政翼賛会の総務などを歴任する。生家は造り酒屋。〝鉱山王〟と呼ばれた。

東京商業学校（現・一橋大学）と慶應義塾（現・慶應義塾大学）を卒業後、井上馨の指示で藤田財閥に入社する。小坂銅山に赴任して実力を発揮した。

一九〇五年、茨城県の赤沢銅山を買収して日立製作所を設立する。その後、造船業や商社、生命保険などに着手して久原財閥をつくる。

一九二八年、衆議院議員に当選し、田中義一内閣の逓信大臣に就くが、二・二六事件に関与していたとされ、影響力を失う。

しかし、その後再び立憲政友会の正統派として復権して〝政界の黒幕〟と呼ばれた。

終戦後は、おもに衆議院議員として活動する。

一九六五年、自宅（現・八芳園）で死去。九十五歳没。

こいずみまたじろう
小泉又次郎

1865～1951年
江戸後期～昭和中期
現在の神奈川県出身

特権階級を、正義、平等まで引き下ろし、下層階級を、正義、平等まで引き上げる。両者の均衡と握手で、健全なる国家を建設しよう。ここに希望の焦点がある。

普通選挙運動を推進して。

小泉又次郎は、政治家、職人。逓信大臣をはじめ、衆議院の副議長、横須賀市長などを歴任した。父親はとび職人。のちに総理大臣を務める小泉純一郎の祖父。

家業を経て、一八八九年、東京横浜毎日新聞社の記者になる。一九〇五年に起きた日比谷焼き討ち事件に加わる。一九〇七年、横須賀市議会議員に当選し、神奈川県議会議員を経て、一九〇八年、衆議院議員に初当選する（以降連続十二回当選）。

濱口雄幸内閣、第二次若槻禮次郎内閣で逓信大臣を務める。大礼服をもっていなかったため大臣就任時の挨拶では、知人から借用したという。入れ墨があり〝入れ墨大臣〟と呼ばれた。

一九四四年には小磯國昭内閣の内閣顧問を務め、その後、貴族院議員に就く。

一九五一年に死去する。八十六歳没。

南《みなみ》弘《ひろし》

1869～1946年
明治前期～昭和中期
富山県出身

集まった村人の中に小学校時代の同級生がたった一人混ざっていた。お互いに手を握ったまま、しばし言葉も出なかった。

富山県出身者として初の大臣となり、そのとき開催された地元の祝賀会を思い出して。

南弘は、政治家、官僚。逓信大臣をはじめ、内閣書記官長、福岡県知事、台湾総督、国語審議会の会長、枢密顧問官などを歴任する。生家は三代にわたり県会議員を務めた豪農。

東京帝国大学（現・東京大学）を卒業後、高等文官試験に合格して官僚になる。

第一次西園寺公望内閣で内閣書記官長を務め、福岡県知事、文部省次官などを経験する。

一九三二年、斎藤実内閣の逓信大臣に任命され、富山県出身者として初の大臣となる。標記はそのときの言葉。

その後、国語審議会の会長に就き、文章の簡素化を提唱する。また、枢密顧問官として陸軍の圧力に抵抗し、終戦後も枢密顧問官を務める。

一九四六年の会議中、炭火による一酸化炭素中毒で死去する。七十六歳没。

永井柳太郎《ながいりゅうたろう》

1881～1944年
明治前期～昭和前期
石川県出身

この演説によって、一人でも多くの人に良い影響を与えられますように。また悪い影響を一人でも与えませんように。

永井柳太郎は、政治家。逓信大臣をはじめ、鉄道大臣、拓務大臣などを歴任する。生家は士族。大日本育英会（現・日本学生支援機構）の創立者である。早稲田大学を卒業後、同大学で植民学を教える。学生時代には雄弁会に所属していたが、その演説が大隈重信に認められて、オックスフォード大学に留学する。

一九二〇年、衆議院議員に初当選する（以降連続八期当選）。一九三二年には斎藤実内閣で拓務大臣に任命され、第一次近衛文麿内閣では逓信大臣、阿部信行内閣では鉄道大臣と逓信大臣を兼任する。

演説のうまさには定評があり、クリスチャンでもあることから、演説の前には標記の言葉を添えていたという。

東京大空襲が始まった一九四四年、「国民に申し訳ない」と言い残して死去する。六十三歳没。

湯浅倉平《ゆあさくらへい》

1874～1940年
明治前期～昭和前期
山口県出身

私が陸軍を批判したことを、陸軍省でお話になっても一向にさしつかえない。

町野武馬（陸軍大佐で衆議院議員）との対談で、陸軍が政治に介入することを内大臣として批判したときの言葉。

湯浅倉平は、政治家、官僚。宮内大臣をはじめ、内大臣、警視総監、岡山県知事、静岡県知事、朝鮮総督府政務総監などを歴任した。父親は医師。

東京帝国大学（現・東京大学）を卒業後、内務省に入省する。要職を経て、一九二三年、関東大震災の際には警視総監に就く。しかし同年の虎ノ門事件で懲戒免官になる。

一九三六年、二・二六事件では宮内大臣の立場から早期解決に尽力し、殺害された斎藤実内大臣の後任として内大臣に就任する。

内大臣として元老の西園寺公望を補佐し、陸軍の暴走に対抗する。親米英派で良識ある米内光政を首相に推すなど日米開戦を避けようとしたが、一九四〇年六月、病気で内大臣を辞任する。

辞任の半年後、肺気腫により自宅で死去する。六十六歳没。

仙石貢《せんごくみつぎ》

1857～1931年
江戸後期～昭和前期
現在の高知県出身

測量技師がルートの選定に注文をつけて来たので、腹を立てて定規を放り投げた。定規が地図の上に落ちて、そこに決めた。

甲武鉄道（現・中央本線）を通すコースを訊かれて。このことから中央本線は直線になったと言われている。

仙石貢は、政治家、官僚、実業家。鉄道大臣をはじめ、南満州鉄道の総裁、土木学会の会長などを歴任する。生家は土佐藩士。

東京帝国大学（現・東京大学）を卒業後、東京府土木掛に勤務する。一八八四年、工部省鉄道局に入省し、日本鉄道（現・東北本線）や甲武鉄道（現・中央本線）などの工事を担当する。標記はそのときの言葉。測量などで邪魔になる家があると、無断で壁に穴をあけるなどの横暴さが批判されたが、造る物には定評があった。

一八九六年、筑豊鉄道の社長に就任し、その後、鉄道院の総裁を経て衆議院議員に当選する。

加藤高明内閣で鉄道大臣に任命される。現場をに明るいことから、第一次若槻禮次郎内閣でも鉄道大臣を務め、一九二九年、南満州鉄道の総裁に就任する。一九三一年に死去。七十四歳没。

中島知久平《なかじまちくへい》

1884～1949年
明治中期～昭和中期
群馬県出身

飛行機は製造期間一ヵ月だから、民間で造れば一年間に十二回は計画変更が可能。一方、国営は予算計画が一年単位なので計画変更は一年間に一度だけ。国の行く末を考えれば、民間でやるべきだ。

海軍を退くにあたって関係者に宛てた手紙から。

中島知久平は、政治家、実業家。鉄道大臣をはじめ、商工大臣、軍需大臣などを歴任する。生家は農家。中島飛行機（のちの富士重工業株式会社）を創立する。

海軍機関学校を卒業後、機関中尉に任官される。一九一一年、日本製として初の飛行船・イ号飛行船の試験飛行に搭乗する。一九一七年には海軍を退官し、群馬県に飛行機研究所を設立し、陸軍に納機するようになる。

一九三〇年、衆議院議員に初当選する。第一次近衛文麿内閣で鉄道大臣に任命される。

終戦後、東久邇宮稔彦王内閣で軍需大臣と商工大臣を務めるが、ＧＨＱにA級戦犯に指定される。

一九四九年、脳出血により死去。六十五歳没。

永田秀次郎《ながたひでじろう》

1876～1943年
明治前期～昭和前期
兵庫県出身

我々はこのような苦難に二度と遭いたくない。また、子孫に同じような苦しみを経験させたくない。そのためには街路区画を整理せなければならぬ。

関東大震災の半年後、東京市長として行なった演説から。

永田秀次郎は、政治家、官僚、教育者、弁護士。鉄道大臣をはじめ、拓務大臣、東京市長、三重県知事、拓殖大学の学長などを歴任する。淡路島出身者として初の大臣。生家は淡路島の地主。

第三高等学校（京都大学の母体校）を卒業後、洲本中学校の校長を務める。その後、三重県知事や内務省警保局長などの要職を務め、一九二三年に東京市長に就くが、このとき関東大震災が起こり復興に尽力する。標記はそのときの言葉。

また、オリンピックを東京に誘致することに成功する。一九四〇年に開催される予定だったが、日中戦争などの影響で中止になってしまう。

一九三六年、広田弘毅内閣で拓務大臣に任命され、阿部信行内閣では鉄道大臣を務める。

俳人でもあり、雑誌に作品を掲載するなどの活動もした。一九四三年に死去する。六十七歳没。

松野鶴平《まつのつるへい》

1883～1962年
明治中期～昭和中期
熊本県出身

総裁あっての党ではない。党あっての総裁だ。

吉田茂首相が、解散総選挙に動いたときの言葉。

松野鶴平は、政治家、実業家。鉄道大臣をはじめ、参議院議長、菊池軌道株式会社（現・熊本電気鉄道株式会社）の社長などを歴任する。父親は村長を務めた。第二次岸信介内閣で総理府総務長官を務めた松野頼三は三男。

一九二〇年、衆議院議員に当選する（以降当選七回）。

一九三二年、衆議院議員の総選挙では政友会の選挙対策を任され、四六六議席中三〇四議席を獲得し〝選挙の神様〟と呼ばれた。

終戦後、吉田茂内閣を抜き打ち解散などで支えたが、一九五四年に起った造船疑獄で、吉田首相が解散総選挙を画策すると、反対の立場をとる。標記はそのときの言葉。

一九五五年、自由民主党の結党に参加し、参議院議員の初代会長に就任する。

一九六二年に死去。七十八歳没。

第三章　大臣を経験した軍人の名言

大山《おおやま》巌《いわお》

1842～1916年
江戸後期～大正
現在の鹿児島県出身

若い者を心配させまいとして、知っていることでも、知らないという顔をしなければならないことだな。

日露戦争から帰国したときに、十六歳の次男（のちに貴族院議員に就く大山柏）から「総司令官として一番大変なことは？」と質問されて。

大山巌は、薩摩藩士、陸軍軍人、政治家。陸軍大臣をはじめ、内大臣、参謀総長、元老などを歴任する。最終階級は元帥陸軍大将。陸軍では〝山縣有朋と並ぶ実力者〟と言われ、陸軍の創成期から日露戦争にかけて活躍する。生家は薩摩藩士。西郷隆盛は従兄。

戊辰戦争では会津戦争まで転戦し、実力を認められる。明治新政府になると、ヨーロッパに留学し普仏戦争を視察する。西南戦争では政府軍として参戦。兵制をフランス式からドイツ式に変える一方で、フランスの長所であるフランス式海岸防備体制を取り入れるなど広い視野をもっていた。日清戦争では陸軍大将として、日露戦争では元帥陸軍大将として日本の勝利に貢献する。

一九一六年、胃病と胆嚢炎を併発。内大臣在任中に死去する。七十四歳没。

上原勇作《うえはらゆうさく》

1856～1933年
江戸後期～昭和前期
現在の宮崎県出身

私は工兵を厳しく鍛え上げたが、工兵による要塞攻略が手薄だった。きちんと教育しておけば旅順で苦戦しなかったのに。

日露戦争の旅順攻囲戦で、日本軍が大苦戦したことを知ったときの言葉。日露戦争後、上原の指導で要塞攻略戦の研究が始まる。

上原勇作は、陸軍軍人、政治家。陸軍大臣をはじめ、教育総監、参謀総長などを歴任する。生家は薩摩藩の重臣。最終階級は陸軍大将。陸軍大臣・教育総監・参謀総長の〝陸軍三長官〟を経験して、陸軍大将に就いたのは上原と杉山元だけである。

陸軍士官学校を卒業後、フランスに留学して近代的な工兵を学ぶ。日清戦争では第一軍の参謀や工兵中佐、日露戦争では第四軍の参謀長や工兵監などを務めて実績を残し、陸軍中将に昇進する。

一九一二年、第二次西園寺公望内閣で陸軍大臣に就任するが、二個師団増設案が拒否されると辞任する。シベリア出兵では、撤退協定締結の前夜にロシアを攻撃、ウラジオストクを占領して国際非難を浴びる。

一九三三年、胃潰瘍と心臓病により死去する。七十六歳没。

南《みなみ》 次郎《じろう》

1874～1955年
明治前期～昭和中期
大分県出身

国防は政治に優先する。

南次郎は、陸軍軍人、政治家。陸軍大臣をはじめ、朝鮮総督、枢密顧問官、貴族院議員などを歴任する。最終階級は陸軍大将。

大分県に生まれ、十歳で叔父を頼って東京に上京する。陸軍大学校を卒業後、日露戦争に従軍。その後、関東都督府陸軍参謀、陸軍士官学校の校長などを経て、一九三一年に陸軍大臣に就く。大臣在任中に満州事変が勃発する。

一九三四年、朝鮮総督として帝国臣民化政策を推進し、その後、枢密顧問官や貴族院議員などの要職を務める。

東京裁判では、満州事変における責任でA級戦犯として終身禁固刑になる（一九五四年に仮釈放）。

現役中、標記の言葉を常に主張しており、東京裁判ではこの思想が満州事変を起こしたと判断された。一九五五年に死去。八十一歳没。

荒木貞夫《あらきさだお》

1877～1966年
明治中期～昭和後期
東京都出身

日本の未来は、維新の五箇条の御誓文を主とすればよい。つまらぬことをつけ加えずにこれを達成すること。

遺言として、佐藤栄作総理大臣に送った言葉。

荒木貞夫は、陸軍軍人、政治家。陸軍大臣をはじめ、文部大臣、軍事参議官などを歴任する。生家は一橋家の家臣。最終階級は陸軍大将。

陸軍大学校を卒業後、第一次世界大戦ではロシア軍に従軍する。一九三一年、犬養毅内閣で陸軍大臣に就くと、自分の派閥で要職を固める。この頃から、荒木や真崎甚三郎らを皇道派と呼び、それに対抗する勢力を統制派と呼ぶようになる。

二・二六事件は皇道派の青年将校が中心になって決起したので、首謀者の容疑をかけられるが、その事実はなかった。その後、文部大臣に就任して軍国教育や思想弾圧に尽力する。

東京裁判では、A級戦犯として終身刑の判決を受けるが、一九五五年に病気で仮釈放になる。

一九六六年、講演で訪れた奈良県で心臓発作により死去。八十九歳没。標記は死にぎわの言葉。

寺内寿一《てらうちひさいち》

1879～1946年
明治前期～昭和中期
山口県出身

母の胎内にいるときから陸軍で育った私です。任地は澎湖《ほうこ》諸島の要塞でもどこでも結構ですから、どうか一生陸軍に置いて頂きたい。

寺内寿一は、陸軍軍人、政治家。陸軍大臣をはじめ、朝鮮軍参謀長、台湾軍司令官、教育総監、北支那方面軍司令官、南方軍総司令官などを歴任する。父親は長州閥の重鎮の寺内正毅。最終階級は元帥陸軍大将。

作家の永井荷風とは中学校と高校の同窓生。永井の回想では、やんちゃな性格だったという。

陸軍大学校を卒業後、朝鮮軍参謀長などに就き、ゴーストップ事件では、陸軍の代表者として警察や大阪府知事と対峙した。

二・二六事件の直後に陸軍大臣に就任し、陸軍の発言力を高める。腹切り問答では、浜田国松代議士に負けるが、内閣を総辞職に追い込んだ。

南方軍総司令官として太平洋戦の終戦を迎え、シンガポールで降伏文書に調印する。一九四六年、マレーシアで拘留中に病死する。六十六歳没。

杉山元《すぎやまげん》

1880～1945年
明治前期～昭和前期
福岡県出身

本日、自分は自決するが、家内も自決することになっている。しかし、娘のために家内には生き残ってもらいたい。彼女の自決を思いとどまらせてほしい。

杉山元は、陸軍軍人、政治家。陸軍大臣をはじめ、教育総監、参謀総長などを歴任する。生家は旧小倉藩士。最終階級は元帥陸軍大将。陸軍大臣・教育総監・参謀総長の〝陸軍三長官〟を経験して、陸軍大将に就いたのは、上原勇作と杉山の二人だけである。

陸軍士官学校を卒後後、日露戦争に従軍する。満州事変では、陸軍次官として日本の正当性を声明する。参謀総長として日米開戦の立案にあたるが、東條英機総理大臣と衝突し辞任する。

しかしその後、小磯國昭内閣で陸軍大臣、鈴木貫太郎内閣で第一総軍司令官に任命される。

終戦直後の九月十二日、拳銃で胸を四発撃ち抜き自決。六十五歳没。標記はそのときの言葉。

一方、杉山の自決を確認した夫人は、正装に着替えて青酸カリを飲み、短刀で胸を刺し自決する。

板垣征四郎《いたがきせいしろう》

1885～1948年
明治中期～昭和中期
岩手県出身

これで自分のような者が、黄金の身とさせてもらえる。ポツダム宣言によって、自分が永久平和の礎《いしずえ》となるなら、それは喜びである。

東京裁判で死刑判決を受けて服役中の言葉。

板垣征四郎は、陸軍軍人、政治家。陸軍大臣をはじめ、満州国軍政部最高顧問、関東軍参謀長などを歴任する。最終階級は陸軍大将。父親は旧盛岡藩士で、気仙郡の郡長や女学校の校長を務めた。

陸軍大学校を卒業後、石原莞爾らと満州事変を起こす。和平交渉では強硬な条件を提示して交渉不成立の原因を招いた。

二・二六事件以降、陸軍大臣と陸軍大将を務めるなど、暴走する陸軍の中心にいた。

太平洋戦争の末期には、第七方面軍司令官としてシンガポールの守備に尽力するが、イギリス軍に身柄を拘束されて終戦を迎える。

東京裁判では、中国とシンガポールにおける残虐な行為が問題になり、A級戦犯として死刑判決を受ける。標記は服役中に残した言葉。

一九四八年、絞首刑に処せられる。六十三歳没。

畑俊六《はたしゅんろく》

1879～1962年
明治前期～昭和中期
東京都出身

かつて敵対した者を擁護する姿勢は、真に軍人の鑑《かがみ》である。

畑俊六は、陸軍軍人、政治家。陸軍大臣をはじめ、支那派遣軍総司令官、偕行社の会長などを歴任する。生家は旧会津藩士。最終階級は元帥陸軍大将。陸軍大将の畑英太郎は兄。

陸軍大学校を卒業後、要職を経て、陸軍大将に就く。日独伊三国同盟に反対する米内光政内閣で陸軍大臣に任命されるが、この同盟を締結しようとする陸軍の意向で、米内内閣を解散に追い込む。

終戦後、東京裁判でA級戦犯として起訴される。このとき、かつて敵対した米内が自分の立場が悪くなることを承知で弁護してくれる。標記はそのときの言葉。

米内の弁護で死刑を免れ、終身禁固の判決になり、一九五四年に仮釈放を受ける。

一九六二年、福島県で行なわれた戦没者慰霊碑除幕式に出席中に倒れて死去する。八十二歳没。

阿南惟幾《あなみこれちか》

1887～1945年
明治中期～昭和前期
大分県出身

政治改革を叫ぶ者は、まず軍服を脱ぎ、しかるのちに行なえ。

阿南惟幾は、陸軍軍人、政治家。陸軍大臣をはじめ、東京陸軍幼年学校の校長、航空総監、軍事参議官などを歴任する。最終階級は陸軍大将。太平洋戦争の本土決戦派の代表と言われている。

陸軍大学校を卒業後、二・二六事件のときに東京陸軍幼年学校の校長を務めており、全校学生の前で軍人の政治活動を否定した。標記はそのときの言葉。

太平洋戦争の末期、鈴木貫太郎内閣で陸軍大臣に就任する。和平派の鈴木首相と本土決戦派の阿南では対立することが多かったが、阿南は鈴木を尊敬しており、影では陸軍の本土決戦派を抑えていたという話もある。

終戦日の八月十五日早朝、陸軍大臣在任中に自刃により死去。五十八歳没。日本の内閣制度発足後、現職閣僚による初の自殺になる。

下村定《しもむらさだむ》

1887～1968年
明治中期～昭和後期
高知県出身

陸軍の罪悪のために、純忠《じゅんちゅう》なる軍人の功績を消し去らないでいただきたい。幾多の戦没者の英霊《えいれい》に対して、深きご同情をお願い申し上げます。

下村定は、陸軍軍人、政治家。最後の陸軍大臣をはじめ、教育総監、北支那方面軍司令官、西部軍司令官などを歴任した。最終階級は陸軍大将。

陸軍大学校を首席で卒業し、一九一八年、参謀本部員に任命され、フランスの陸軍大学校に入学する。東京湾要塞司令官や陸軍大学校の校長、北支那方面軍司令官などの要職を経て、太平洋戦争の終戦を迎える。東久邇宮稔彦王内閣と幣原喜重郎内閣で陸軍大臣に就き、陸軍の解体などの戦後処理にあたった。一九四五年十一月、帝国議会衆議院本会議で、陸軍の責任について陸軍大臣として答弁する。標記はそのときの言葉。

終戦後も政治活動を続け、一九五九年には参議院議員に当選する。

一九六八年、東京都文京区でバスに轢かれて、翌日死去する。八十歳没。

八代六郎《やしろろくろう》

1860～1930年
江戸後期～昭和前期
現在の愛知県出身

俺は前しか見てなかったから知らんよ。

乗っていた戦艦が日本海で被弾。舵が故障して集中砲火を浴びるが、奇跡的に助かる。「危ないところだった」とつぶやく参謀に答えて。

八代六郎は、海軍軍人、政治家。海軍大臣をはじめ、海軍大学校の校長、舞鶴鎮守府司令長官、第二艦隊司令長官、佐世保鎮守府司令長官などを歴任する。生家は地主。最終階級は海軍大将。

入学した愛知英語学校には、同窓に坪内逍遥と三宅雪嶺がいた。海軍兵学校を卒業後、装甲巡洋艦・浅間の艦長として日露戦争に出征する。

浅間は後部に被弾し、航行不能になるが奇跡的に助かる。標記はそのときの言葉。

一九一四年、シーメンス事件で山本権兵衛内閣が倒れ、大隈重信内閣が成立すると海軍大臣に任命される。古い体質を一掃して、海軍に対する国民の不信感の払拭に尽力する。

一九三〇年、退役直後に死去する。七十歳没。戦死した部下の遺族の面倒を熱心にみて、亡くなるときは無一文だったという。

永野修身《ながのおさみ》

1880～1947年
明治前期～昭和中期
高知県出身

戦わざれば亡国。戦うもまた亡国かもしれぬ。しかし、戦わずして滅びれば魂まで失う。仮に勝たずとも日本精神さえ残れば、我等の子孫は再起するだろう。

一九四一年、大本営政府連絡会議で日米開戦を訊かれて。

永野修身は、海軍軍人、政治家、教育者。海軍大臣をはじめ、連合艦隊司令長官、軍令部総長などを歴任する。生家は士族。最終階級は元帥海軍大将。

海軍大学校を卒業後、日露戦争に従軍し、〝目算砲撃の名手〟と呼ばれる。海軍兵学校の校長に就くと、自由と協同を掲げて体罰を禁止するなど教育改革に着手した。一九三五年、第二次ロンドン海軍軍縮会議において日本の脱退を通告する。日米開戦には反対だったが、軍人は政治に関わるべきではないという考えから、海軍の実情は報告するものの、賛成も反対も表明しなかった。標記はその頃の言葉。

東京裁判ではA級戦犯として起訴される。裁判中の一九四七年に急性肺炎を患い、巣鴨拘置所から病院に移されるが死去した。六十六歳没。

及川古志郎《おいかわこしろう》

1883～1958年
明治中期～昭和中期
岩手県出身

今、日本は英米と戦争をしている。どうしてこうなったのか。軍人の教育が戦闘技術にかたよったことに一因がある。文武両道の道をつくらねば、日本は救われない。

　及川古志郎は、海軍軍人、政治家。海軍大臣をはじめ、海軍大学校の校長、海上護衛総司令部長官、軍令部総長などを歴任する。父親は医師。最終階級は海軍大将。

　中学校の一学年上に米内光政、作家の野村胡堂、言語学者の金田一京助がいて、二学年下には板垣征四郎、三学年下に石川啄木がいた。彼らとは交流があり、のちに金田一京助に勧められて長詩や短歌を詠むようになる。

　一九四〇年、第二次、第三次近衛文麿内閣で海軍大臣に就任する。日独伊三国軍事同盟の締結やフランス領インドシナへの進駐、日ソ中立条約の締結など重要な国策をいくつも決定する。

　日米開戦後の一九四二年、海軍大学校の校長に就く。標記はそのときの言葉。

　終戦後、一九五八年に死去する。七十五歳没。

嶋田繁太郎《しまだしげたろう》

1883～1976年
明治中期～昭和後期
東京都出身

海軍大臣一人が戦争に反対したために、戦機を逸しては申し訳ない。

嶋田繁太郎は、海軍軍人、政治家。海軍大臣をはじめ、軍令部総長などを歴任する。生家は旧幕臣。最終階級は海軍大将。

海軍大学校を卒業後、イタリアに勤務する。その後要職を経験し、東條英機内閣で海軍大臣に任命される。

海軍大臣としては日米開戦には反対だったが、伏見宮博恭王軍令部総長の意見に従い、開戦を推進するようになる。標記はそのときの言葉。

一九四四年のマリアナ沖海戦の敗北で、海軍大臣を辞任。翌年一月には海軍の現場を離れる。

東京裁判では、A級戦犯に指名されて終身刑判決を受ける。一九五五年に仮釈放されるが、その後は海上自衛隊の練習艦隊壮行会に出席しただけで、旧海軍の人間と接することはなかった。

一九七六年に死去する。九十二歳没。

第四章　現場で政治力を発揮した軍人の名言

乃木希典《のぎまれすけ》

1849～1912年
江戸後期～大正
現在の東京都出身

諸君、私は諸君らの兄弟を数多く殺した者であります。

日露戦争で多数の戦死者を出したことに自責の念を感じており、戦役講演で、涙しながらたったひとこと、こう言った。

乃木希典は、長府藩士（長州藩の支藩）、陸軍軍人、教育者。歩兵第一旅団長、台湾総督、軍事参議官、学習院の院長などを歴任する。最終階級は陸軍大将。〝国際的に認められた軍人〟と言われている。

生家は長府藩士で、江戸藩邸で生まれる。奇兵隊で幕府軍と戦う。明治新政府では、陸軍少佐に就く。西南戦争には政府軍に従軍する。

一八九四年、歩兵第一旅団長として日清戦争に従軍し、旅順要塞を一日で陥落させて実力を認められる。その後、台湾総督に任じられた。

一九〇四年、第三軍司令官として日露戦争に従軍し、多くの犠牲者を出しながらも旅順攻囲戦を勝利し、奉天会戦でも日本軍を勝利に導く。なお、日露戦争で二人の息子が戦死している。

一九一二年、明治天皇の大喪儀が行なわれた当日、夫人とともに自刃により死去。六十二歳没。

梅津美治郎《うめづよしじろう》

1882～1949年
明治前期～昭和中期
大分県出身

皇道派を剣に近づけてはならん。

二・二六事件以降の梅津の言動は、皇道派の反発を招いた。しかし、皇道派に対してこのような言葉で強固な態度をとる。

梅津美治郎は、陸軍軍人。関東軍総司令官、参謀総長、支那駐屯軍の司令官などを歴任する。最終階級は陸軍大将。生家は農家。

一九一一年に陸軍大学校を卒業後、陸軍省軍務局の軍事課長に就く。一九三六年、二・二六事件が起こると陸軍内を厳しく取り締まる。同時に陸軍省に軍務課を新設して、陸軍の政治への発言力を強めることに成功する。

しかし、皇道派を押さえつけたために命を狙われることもあった。標記はその頃の言葉。

太平洋戦争の降伏文書の調印式の全権を任され、アメリカの戦艦・ミズーリ号で署名する。

東京裁判では沈黙を守り続けたが、東郷茂徳が「梅津が本土決戦を主張した」と証言すると声を荒らげた。終身禁固刑が言い渡され、一九四九年、服役中に直腸癌により死去する。六十七歳没。

永田鉄山《ながたてつざん》

1884～1935年
明治中期～昭和前期
長野県出身

平和を維持するのは、軍人の最大の責務なり。

学生時代の日記より。

永田鉄山は、陸軍軍人。整備局動員課長、軍事課高級課員、陸軍大学校の教官、陸軍省軍務局長などを歴任する。父親は医師。最終階級は陸軍中将。〝陸軍三羽烏〟の一人で統制派の中心人物。国家総動員法の〝国家総動員〟という言葉をつくったと言われる。

一八九八年に東京陸軍地方幼年学校に入学する。標記は幼年学校時代のもの。スイス大使館に勤務し、東條英機らをドイツのバーデン＝バーデンに集めて、陸軍における薩長閥の打破を誓い合う。また、国家総動員法の作成に関わった。

永田らの統制派としては、皇道派の青年将校を排除するには真崎甚三郎を追放することが先決と考える。真崎が教育総監を外されると、永田の陰謀だと考えた相沢三郎陸軍中佐によって、一九三五年、軍務局長室で斬殺される。五十一歳没。

岡村寧次《おかむらやすじ》

1884〜1966年
明治中期〜昭和後期
東京都出身

焼くな、犯すな、殺すな。

岡村寧次は、陸軍軍人。支那派遣軍総司令官、北支那方面軍司令官などを歴任する。最終階級は陸軍大将。〝陸軍三羽烏〟の一人。生家は幕臣。

一九一三年に陸軍大学校を卒業して、歩兵第一連隊中隊長に就く。一九二一年の欧米出張の際に、東條英機らと陸軍を改善することを誓い合う（バーデン＝バーデンの密約）。

その後、要職を経て国民政府軍（中国軍）の全権代表の何応欽軍政部長と塘沽協定を締結する。

一九四一年には北支那方面軍司令官に就任し、現地軍人の倫理と規律を正すことに尽力した。標記はそのときの言葉。

東京裁判で岡村が戦犯になることを避けるために、何応欽の好意で中国で裁判を受け無罪になる。

終戦後は、全国遺族等援護会の顧問などを務める。一九六六年に死去。八十二歳没。

山下奉文《やましたともゆき》

1885～1946年
明治中期～昭和中期
高知県出身

世界共通の道義的判断力を養成し、自己責任において、義務を履行《りこう》するという国民になって頂きたいのであります。

遺言書より一部要約。

山下奉文は、陸軍軍人。軍事調査部長、第二十五軍司令官、第十四方面軍司令官などを歴任する。最終階級は陸軍大将。海軍軍医の山下奉表は兄。

陸軍大学校を卒業後、スイスやドイツに留学し、陸軍省軍事課長、軍事調査部長などを務める。

二・二六事件では、皇道派の幹部として反乱軍の同調者という疑いをかけられるが、川島義之陸軍大臣の慰留で陸軍に残り、歩兵第四十旅団長に転任する。

太平洋戦争が始まると、第二十五軍司令官としてマレー作戦を指揮して勝利する。その後、日本の敗色が濃くなるとフィリピンの防衛戦に就く。最終的にフィリピンのバギオで降伏した。

フィリピンの軍事裁判にかけられて、一九四六年に絞首刑に処せられる。六十歳没。処刑前に教誨師に遺言書を託した。標記はその中の言葉。

小畑敏四郎《おばたとしろう》

1885～1947年
明治中期～昭和中期
高知県出身

いまさら敗けた陸軍になんの面目があるのだ。行くのがいやなら陸軍の代表として私が行ってもいいぞ。

太平洋戦争降伏文書の調印式に出席することを渋る梅津美治郎陸軍参謀総長を怒鳴りつける。

小畑敏四郎は、陸軍軍人。参謀本部第三部長、歩兵第一旅団長、陸軍大学校校長などを歴任する。最終階級は陸軍中将。〝陸軍三羽烏〟の一人で皇道派の中心人物と言われている。父親は土佐藩士で明治新政府では裁判官や貴族院議員を務めた小畑美稲。兄の小畑大太郎も貴族院議員などを務めた。

ロシアやドイツ勤務を経て要職に就く。軍隊における私的制裁を徹底的に禁止し、軍規違反者は容赦なく懲罰房に送った。

参謀本部第三部長に就任すると、皇道派の中心人物として注目されるようになるが、二・二六事件の監督責任を問われて予備役に編入される。その後、太平洋戦争の終戦工作に尽力する。

終戦後、東久邇宮稔彦王内閣の国務大臣に就任し、軍部の戦後処理に尽力する。

一九四七年に死去。六十一歳没。

今村均《いまむらひとし》

1886～1968年
明治中期～昭和後期
宮城県出身

環境の悪いマヌス島で、いまだに服役をしている部下のことを考えると、自分だけ東京にいるわけにはいかない。

今村均は、陸軍軍人。参謀本部員、陸軍省軍務局課員、参謀本部作戦課長、関東軍参謀副長、陸軍省兵務局長、教育総監部本部長などを歴任する。最終階級は陸軍大将。生家は旧仙台藩の名家で、父親は裁判官を務めた。

太平洋戦争では、第十六軍司令官として蘭印作戦を指揮、オランダ領東インド（現・インドネシア共和国）を攻略する。統治するとインドネシア人の生活を尊重した。軍部からは強圧的に統治しろという声もあったが聞き入れなかった。

ラバウルの防衛戦で終戦を迎え、東京裁判で禁錮十年の刑を受けるが、マヌス島の刑務所に移りたいと希望を出す。標記はそのときの言葉。

晩年は、軍人恩給だけの質素な暮らしを送り、戦死者遺族のために尽力した。

一九六八年に死去する。八十二歳没。

木村兵太郎《きむらへいたろう》

1888～1948年
明治中期～昭和中期
東京都出身

おまえは東京裁判の恐さを理解していないのだ。新聞記者やおまえが考えているようなあまいものじゃないんだ。

東京裁判を楽観視している妻に対して。

木村兵太郎は、陸軍軍人。関東軍参謀長、陸軍省陸軍次官、軍事参議官、陸軍兵器行政本部長、ビルマ方面軍司令官などを歴任する。最終階級は陸軍大将。

一九〇八年に陸軍士官学校を卒業後、中尉に昇進し、陸軍砲工学校高等科を卒業して、陸軍野戦砲兵射撃学校の教官に就く。一九三〇年、ロンドン海軍軍縮会議の出席メンバーに選ばれた。

一九四四年にビルマ方面軍司令官に就任する。日米開戦後、日本軍はビルマを制圧するが、イギリス軍が反撃に転じると、なんと木村は、日本軍や日本人居留民を置き捨てて、首都ラングーンを脱出してモールメインへ撤退してしまう。

終戦後、東京裁判においてA級戦犯として死刑の判決を受ける。

一九四八年、絞首刑に処せられる。六十歳没。

石原莞爾《いしわらかんじ》

1889～1949年
明治中期～昭和中期
山形県出身

ペリーをあの世から連れてきて、この法廷で裁けばよい。日本は鎖国していて、朝鮮も満州も不要だった。日本に略奪を教えたのはアメリカだ。

東京裁判における発言より。

石原莞爾は、陸軍軍人、軍事思想家、教育者。関東軍参謀副長、立命館大学の講師、国防学研究所の所長などを歴任する。生家は旧庄内藩士で、父親は警察署長を務めた。最終階級は陸軍中将。

陸軍大学校を卒業すると、ドイツに留学し、一九二八年、関東軍作戦主任参謀に就任して、満州事変で実績を残した。

二・二六事件で命を狙われるが、石原の威圧的な態度に圧倒されて青年将校は手を出せなかった。

満州国を満州人に運営させるという方針を東條英機に否定されて現役を退く。その後、立命館大学で国防学を教えたり、持論の「最終戦争論」の講演活動などを行なう。

東條との対立が有利に働き、東京裁判では結果的に戦犯指定を免れる。一九四九年、肺炎や肺水腫、膀胱癌などの併発により死去。六十歳没。

武藤《むとう》 章《あきら》

1892～1948年
明治前期～昭和中期
熊本県出身

霜の夜を　思い切ったる　門出かな

辞世の句より。

武藤章は、陸軍軍人。教育総監課員、参謀本部作戦課長、陸軍省軍務局長などを歴任する。生家は地主。最終階級は陸軍中将。

教育総監課員などを経て、一九三七年に参謀本部作戦課長に就き、同年に起こった盧溝橋事件で強硬政策を主張する。

日米開戦には陸軍でもっとも強硬な反対派だったが、一九四一年に起こったゾルゲ事件（スパイ事件）に関与していたとされ、中央から外されて近衛師団長に就く。その後、第十四方面軍の参謀長に就任して、終戦をフィリピンで迎える。現地で切腹を考えるが、司令官の山下奉文に止められる。

東京裁判では、捕虜虐待の罪で中将として唯一絞首刑の判決を受ける。この判決には疑問を抱く者が多かった。

一九四八年に処刑される。五十六歳没。

富永恭次《とみながきょうじ》

1892～1960年
明治中期～昭和中期
長崎県出身

諸君はすでに神である。君らだけを行かせはしない。最後の一戦で本官も特攻する。

特攻隊員に対する訓示より。

富永恭次は、陸軍軍人。参謀本部課長、関東軍参謀、陸軍省人事局長、陸軍次官、第四航空軍司令官などを歴任する。父親は医師。最終階級は陸軍中将。

ソ連大使館勤務を経て、一九三九年、参謀本部第一部長に就任し、フランス領インドシナへの進駐を強引に実行する。結果として、数百人の死傷者を出して左遷される。

その後、フィリピンに着任し、陸軍初の航空特別攻撃隊の万朶隊に出撃命令を出す。以後、続々と出撃させるが、一升瓶をぶら下げて訓示することもあったという。標記はそのときの言葉。

一九四五年、なんと視察を名目に台湾に単独で後退し、残された約一万の兵は大半が戦死した。

一九五五年、シベリア抑留から帰国後、一九六〇年に死去する。六十八歳没。

佐藤賢了《さとうけんりょう》

1895～1975年
明治中期～昭和後期
石川県出身

ミッドウェー海戦の失敗を忘れてはならない。山本五十六を国葬にするのは適当ではない。

佐藤賢了は、陸軍軍人。陸軍省軍務課長、軍務局長、南支那方面軍参謀副長などを歴任する。最終階級は陸軍中将。

石川県に生まれ、陸軍大学校を卒業後、整備局課員を経てアメリカ大使館に勤務する。

軍務局課員時代、衆議院の国家総動員法委員会で、法案の説明中に議員の野次が飛ぶ。野次に対して「黙れ！」と一喝して問題になる。一喝した相手は、佐藤が陸軍士官学校時代の教官だった。

山本五十六海軍大将が戦死し、国葬が決まると、ミッドウェー海戦の失敗を指摘して、国葬を中止するように主張する。標記はそのときの言葉。

終戦後、東京裁判で終身刑の判決を受けて、一九五六年まで服役する。仮釈放後、ベトナム戦争の反対運動に参加して話題になった。

一九七五年に死去する。七十九歳没。

辻政信《つじまさのぶ》

1902～1961年に行方不明
明治後期～昭和中期
石川県出身

戦争は、負けたと感じた者が負けであり。外交もまた、負けたと思った者が負けなのである。

著作『ノモンハン』より要約。

辻政信は、陸軍軍人、政治家。関東軍作戦参謀、作戦課兵站班長、衆議院議員、参議院議員などを歴任した。生家は裕福な炭焼き業を営む。最終階級は陸軍大佐。

陸軍大学校を優秀な成績で卒業し、その後、関東軍参謀部に配属され、日中戦争では戦線拡大を主張する。一九三九年、外蒙古軍と満州国警備隊が衝突すると、東京の参謀本部は電報で中止を指令する。しかしこの命令を無視して紛争を拡大した（ノモンハン事件）。標記はそのときの言葉。

終戦後、バンコクで行方不明になり東京裁判を混乱させる。一九四八年に帰国し潜伏する。一九五〇年に戦犯指定が解除されると姿を現わした。

一九五二年、旧石川一区から衆議院議員に初当選し、一九六一年に東南アジアの視察に出たまま現地で行方不明になる。五十九歳没?。

安藤輝三《あんどうてるぞう》

1905～1936年
明治後期～昭和前期
岐阜県出身

我々は鈴木貫太郎閣下になんの恨みもありませんが、国家改造のためにやむを得ず、こうした行動をとったのであります。

二・二六事件で鈴木貫太郎を暗殺する際の言葉。結果的に鈴木は絶命にはいたらず。

安藤輝三は、陸軍軍人。陸軍大尉、第三連隊第六中隊長などを歴任する。最終階級は陸軍大尉。

皇道派の青年将校で、二・二六事件の首謀者の一人。二・二六事件とは、一九三六年に〝昭和維新断行・尊皇討奸〟を掲げて、一四八三名の兵が決起したクーデター未遂事件である。

岐阜県に生まれ、陸軍士官学校を卒業する。士官学校では、のちに磯部浅一（二・二六事件をともに決起）と同期で、校長は二・二六事件の影の首謀者とされる皇道派の真崎甚三郎だった。

部下から信頼され、命を狙われた鈴木貫太郎でさえ、「実に純真な思想の持ち主だった。おしい若者を死なせてしまった」と語った。

クーデター後、自決を試みるが一命を取り留めてしまう。同年、七月十二日に叛乱罪で死刑により死去。三十一歳没。

磯部浅一《いそべあさいち》

1905～1937年
明治後期～昭和前期
山口県出身

今の日本は、重臣と財閥の独裁国家である。

磯部浅一は、陸軍軍人。陸軍一等主計、歩兵中尉などを歴任する。父親は農業兼左官業を営む。最終階級は陸軍一等主計。

陸軍士官学校を卒業後、主計将校を志願して陸軍経理学校に入学し、陸軍二等主計に任官される。政治腐敗や不況の改善を求めるが、一九三四年、陸軍士官学校事件で停職処分を受ける。その後、「粛軍に関する意見書」を執筆して免職処分になる。

しかしこの処分が発端になり、青年将校の間で上官に対する不満が爆発し、それが一九三六年の二・二六事件につながっていく。

磯部は北一輝と面識をもち、皇道派青年将校のリーダーとして、二・二六事件では指揮をとり、翌年、銃殺刑に処される。三十二歳没。

獄中で「獄中日記」「獄中手記」などを執筆し、裁判の不当性と二・二六事件の正当性を訴えた。

森《もり》 鷗外《おうがい》

1862～1922年
江戸後期～大正
現在の島根県出身

善とは、家畜の群れのような人間たちと去就《きょしゅう》を同じにする道にすぎないのだ。しかし、それを破ろうとするのは悪だ。

森鷗外は、陸軍軍医、官僚、小説家、教育者。陸軍大学校の教官、軍医監、陸軍省医務局長、慶應義塾大学の文学科顧問などを歴任する。父親は津和野藩の医師。小説家としての代表作は『舞姫』や『高瀬舟』など多数。

一八八一年に東京大学の医学部を卒業後、陸軍軍医副に就き、東京陸軍病院に勤務する。

一八八四年にドイツに留学し、帰国後、陸軍大学校の教官に就任し、一八八九年に『医学の説より出でたる小説論』を読売新聞に発表し、本格的な文筆活動が始まる。

日清戦争後、台湾の勤務を経験。第十二師団の軍医部長として福岡県の小倉に赴任する。その後、要職を経て一九〇七年に軍医のトップである陸軍省医務局長に就任する。一九二二年、腎萎縮と肺結核により死去。六十歳没。

東郷平八郎《とうごうへいはちろう》

1848～1934年
江戸後期～昭和前期
現在の鹿児島県出身

神は、平素鍛錬《たんれん》に努めた者に勝利の栄冠を授ける。一勝に満足している者からは、その栄冠を取上げてしまうであろう。

日露戦争が終わり、連合艦隊を解散して平時編成に戻すことになり、その際の訓示。起草は、秋山真之参謀とされる。

東郷平八郎は、薩摩藩士、海軍軍人。佐世保鎮守府司令長官、常備艦隊司令長官、舞鶴鎮守府司令長官、連合艦隊司令長官、軍令部長などを歴任する。生家は薩摩藩士。最終階級は元帥海軍大将。

薩英戦争や戊辰戦争に従軍し、実力を認められる。明治新政府では、海軍の司令官として、日清・日露戦争の勝利に貢献して、日本の国際的地位を〝五大国の一国〟にした。

とくに日露戦争では、第一艦隊兼連合艦隊司令長官として、世界屈指のロシア帝国海軍バルチック艦隊を破って世界の注目を浴びた。

日露戦争後は第一線から退くが、ロンドン海軍軍縮条約には反対の立場を主張した。

晩年は軍隊から離れて質素倹約を心がけ、趣味の盆栽と碁をたしなむ生活を送る。

一九三四年、膀胱癌により死去。八十六歳没。

上村彦之丞《かみむらひこのじょう》

1849～1916年
江戸後期～大正
現在の鹿児島県出身

敵ながらあっぱれである。生存者は全員救助して丁重に扱うように。

日露戦争で対戦したロシアの巡洋艦・リューリクの乗員に対する言葉。

上村彦之丞は、海軍軍人。第一艦隊司令長官、海軍軍務局長、海軍教育本部長、横須賀鎮守府司令長官などを歴任する。父親は薩摩藩の漢学師範。最終階級は海軍大将。

戊辰戦争で認められ、明治新政府になると海軍兵学校に入学するが、征韓論で下野した西郷隆盛を追う。結局、西郷に諭されて兵学校に戻った。

日清戦争では、秋津洲の艦長として、豊島沖海戦で操江（清の砲艦）を降伏させる。これは日本海軍が敵軍艦を初めて降伏させた功績である。

日露戦争では、第二艦隊司令長官として補給航路防衛の任務に就くが、常陸丸と佐渡丸が撃沈され批判された。しかし、蔚山沖海戦でウラジオストク艦隊を撃破し、日本海海戦ではバルチック艦隊の進路を塞ぐなどの働きをみせた。

一九一六年に死去する。六十七歳没。

秋山真之《あきやまさねゆき》

1868〜1918年
江戸後期〜大正
現在の愛媛県出身

戦争で目撃した生死や勝敗を通じて、人知の及ばぬ力があると感じた。

秋山真之は、海軍軍人、政治家。第一艦隊参謀長、第二水雷戦隊司令官、海軍将官会議議員などを歴任する。生家は松山藩の下級藩士。最終階級は海軍中将。秋山好古陸軍大将の弟。

明教館で知り合った正岡子規の影響で東京に上京し、大学予備門（現・東京大学教養学部）を卒業後、海軍兵学校に入学する。

日清戦争では通報艦の筑紫に乗艦し、偵察などの活動に参加する。

日露戦争には賛成の立場をとり、東郷平八郎連合艦隊司令長官の作戦担当参謀として活躍する。

その後、第一次世界大戦の視察のために、ロシア、イギリス、アメリカなどを訪ねる。帰国後、第二艦隊水雷司令官に任命されるが、体調を崩して辞職する。

一九一八年、腹膜炎により死去。四十九歳没。

山梨勝之進《やまなしかつのしん》

1877～1967年
明治前期～昭和中期
宮城県出身

憲法の解釈は、枢密院の権限である。軍人が憲法を論ずるなど論外だ。

ロンドン海軍軍縮条約を反対する軍部に対して。

山梨勝之進は、海軍軍人、教育者。海軍省人事局長、艦政本部長、海軍次官、佐世保鎮守府司令長官、呉鎮守府司令長官、学習院の院長などを歴任する。生家は旧仙台藩士。最終階級は海軍大将。

海軍兵学校を卒業後、一九〇三年に海軍大尉に就く。その後要職を経て、一九二一年のワシントン軍縮会議では、首席全権の加藤友三郎を補佐して実力を認められる。

海軍次官在任中の一九三〇年、ロンドン海軍軍縮条約の締結に尽力するが、条約反対派の策略で予備役に編入される。標記はこのときの言葉。この更迭がなければ、海軍大臣に就いただろうと言われている。

一九三九年に学習院の院長に就き、終戦後は戦争受刑者家族世話会の理事などを務めた。

一九六七年に死去する。九十歳没。

長谷川《はせがわ》 清《きよし》

1883～1970年
明治中期～昭和後期
福井県出身

愛人でもつくって、小洒落た小料理屋でもやらせて、毎日飲んだくれて暮らせたら最高だ。

宴会などでよく口にした言葉。

長谷川清は、海軍軍人。支那方面艦隊司令長官、第三艦隊司令長官、横須賀鎮守府司令長官などを歴任する。最終階級は海軍大将。父親は医師。映画監督の実相寺昭雄は孫。

海軍兵学校を卒業後、日露戦争に従軍し黄海海戦で軽傷を負う。

海軍大学校を卒業後、第二艦隊参謀として第一次世界大戦の青島の戦いに参戦する。一九一七年から一九二六年まで対日感情が悪化するアメリカで大使館勤務を経験する。

一九四〇年に台湾総督に赴任し、初等教育の義務化や台北帝国大学予科の設置など教育の普及に取り組む。

終戦後、GHQによってA級戦犯容疑で約二ヵ月間、巣鴨刑務所に収監されるが、一九四七年に釈放された。一九七〇年に死去する。八十七歳没。

山本五十六《やまもといそろく》

1884～1943年
明治中期～昭和前期
新潟県出身

してみせて、言って聞かせて、やらせてみせて、それで褒めれば人は働く。

山本五十六は、海軍軍人。連合艦隊司令長官、航空本部長、海軍次官などを歴任する。生家は旧越後長岡藩士。最終階級は元帥海軍大将。

海軍兵学校を卒業後、少尉候補生として日露戦争における日本海海戦で、左手の人差指と中指を欠損、左大腿部に重傷を負う。

日独伊三国同盟には反対の立場をとり、賛成派から命を狙われて遺書を書いた。

一九三九年、連合艦隊司令長官（兼第一艦隊司令長官）の辞令を受けるが、一度は拒む。この辞令には日独伊三国同盟の賛成派から山本の命を守るために一時的に海軍中央から離す目的があった。

一九四〇年に海軍大将に任命され、翌年、真珠湾攻撃案を海軍に提出、指揮をとる。

一九四三年、搭乗の戦闘機がブーゲンビル島上空で撃墜され戦死する（海軍甲事件）。五十九歳没。

豊田副武《とよだそえむ》

1885～1957年
明治中期～昭和中期
大分県出身

今さら任されても、自分にできることはなにもない。

豊田副武は、日本の海軍軍人。軍令部総長、連合艦隊司令長官を歴任する。最終階級は海軍大将。

海軍大学校を卒業後、イギリス勤務を経て、連合艦隊参謀長に就く。その後、連合艦隊司令長官としてレイテ沖海戦を指揮した。

軍令部総長としてポツダム宣言受諾に反対し、徹底抗戦および本土決戦を主張するが、もともと日米開戦には反対の立場だった。太平洋戦争後半には、連合艦隊司令長官に任命されるが一度断っている。標記はそのときの言葉。

終戦直後、幣原喜重郎内閣が発足すると、豊田を海軍大臣に推す声もあったが、ＧＨＱから戦犯容疑をかけられていたので任命されなかった。

東京裁判では不起訴、ＢＣ級戦犯を裁く軍事法廷でも無罪判決を得る。

一九五七年に死去する。七十二歳没。

草鹿任一《くさかじんいち》

1888～1972年
明治中期～昭和後期
石川県出身

私を罰することで、部下の責任は問わないで欲しい。

太平洋戦争敗戦後、帰国前にオーストラリア軍に戦犯調査を受けて。

草鹿任一は、海軍軍人。第一航空戦隊司令官、海軍兵学校の校長、南東方面艦隊司令長官などを歴任する。生家は旧大聖寺藩の御典医。最終階級は海軍中将。

一九一九年に海軍大学校を卒業して、第一航空戦隊司令官、海軍兵学校の校長などを経験する。

太平洋戦争が勃発すると、南東方面艦隊司令長官として、ガダルカナル島を奪回すべく終戦まで指揮をとる。長期戦を覚悟して、農地開墾をするなど自給自足の体制を整えようとした。

終戦後、シンガポールのチャンギ刑務所で、オーストラリア軍による戦犯調査を受ける。標記はそのときの言葉。結果無罪になり、一九四七年二月に帰国する。その後、海軍ラバウル方面会の会長に就任し、戦没者の慰霊遺骨の回収に尽力した。

一九七二年に死去する。八十三歳没。

井上成美《いのうえしげよし》

1889～1975年
明治中期～昭和後期
宮城県出身

新聞記者も商売だ。彼らのためにそれなりに情報を開示することも必要である。その反面、利用もできる。

井上成美は、海軍軍人。第四艦隊司令長官、海軍航空本部長、海軍省軍務局長、海軍次官、横須賀鎮守府参謀長などを歴任する。最終階級は海軍大将。最後の海軍大将になる。

幕府では御勘定奉行所、明治新政府では大蔵省や宮城県庁に勤める官僚の家に生まれる。海軍省軍務局やイタリア勤務などを経験し、一九三五年、横須賀鎮守府参謀長に着任する。庁舎内に記者の控室を用意する。標記はそのときの言葉。

一九三七年、海軍省軍務局長に就くと、海軍大臣の米内光政、次官の山本五十六らと日独伊三国同盟に反対する。その後、海軍航空本部長として日米開戦に反対する「新軍備計画論」を提出した。

終戦後の生活は、英語塾のわずかな収入と軍人恩給という貧しいものだった。一九七五年、神奈川県の自宅で死去する。八十六歳没。

岡《おか》敬純《たかずみ》

1890～1973年
明治中期～昭和後期
大阪府出身

海軍が陸軍に対抗しなければ、日本はどこに持っていかれるかわからない。

岡敬純は、海軍軍人。海軍次官、海軍省軍務局長、鎮海警備府司令長官などを歴任する。最終階級は海軍中将。親独派で日米開戦論者。

海軍兵学校を卒業すると、一九一四年に海軍中尉に就く。その後、海軍大学校を卒業し、海軍少佐に任命される。ジュネーブ軍縮会議に随行するなど、現場よりも中央の勤務が続く。

一九四〇年、海軍省軍務局長に就くと、標記の発言に象徴されるように、海軍の政策を動かすようになる。しかし、一九四四年に小磯國昭内閣が成立して米内光政が海軍大臣に就任すると、中央から外され予備役に編入される。

終戦後、東京裁判で終身禁錮の判決を受けて服役し、一九五四年に仮釈放される。その後、公的な仕事に就くことはなかった。

一九七三年に死去する。八十三歳没。

大西瀧治郎《おおにしたきじろう》

1891～1945年
明治中期～昭和前期
兵庫県出身

バカ者、貴様が死んでクソの役に立つか。若い者は生きるんだよ。生きて新しい日本をつくれ。

大西瀧治郎は、海軍軍人。第一航空艦隊司令長官、連合基地航空隊参謀長などを歴任する。生家は小規模な地主。最終階級は海軍中将。日米開戦には反対だったが、神風特別攻撃隊の結成と実戦に関わる。

子どもの頃から海軍に憧れ、海軍兵学校を卒業後、海軍少尉に任官される。一九四三年、軍需省航空兵器総局の総務局長に就くが、日本軍がマリアナ沖海戦で敗北すると、特攻機開発の指示を受け、「体当たりの決意さえあれば、これで日本は勝利できる」と新聞の取材で語る。一九四四年、神風特別攻撃隊が編成され、指導と訓示を行なう。

一九四五年八月十五日に終戦を迎えると、翌日、渋谷の官舎で割腹自決する。五十四歳没。

駆けつけた部下も自決しようとするが、標記の言葉で止めたという。

保科善四郎《ほしなぜんしろう》

1891～1991年
明治中期～平成
宮城県出身

情報収集に大切なのは、その国と国民を知ること。そしてた友人をたくさんつくることだ。

アメリカの大使館勤務時代、日本から来る後輩に語った言葉。

保科善四郎は、海軍軍人、政治家。海軍省船舶救難本部長、海軍省軍務局長、大本営海軍部総合部長、日本国防協会の初代会長などを歴任する。最終階級は海軍中将。

宮城県に生まれ、海軍兵学校を卒業後、練習艦隊の遠洋航海に出る。海軍大尉に任命されたのち、海軍大学校を卒業し、アメリカで勤務するかたわらエール大学に留学する。標記はこの時期の言葉。

日米開戦時には、開戦を止められる立場の兵備局長にいたにも関わらず、止めることに積極的ではなかった。その後も早期終戦派なのか本土決戦派なのか立場を明確にしなかった。

終戦後は、衆議院議員を長く務め（当選四回）、一九七〇年には国の防衛のあり方を研究する日本国防協会を設立し、初代会長に就任する。

一九九一年に死去する。一〇〇歳没。

中原義正《なかはらよしまさ》

1892～1944年
明治中期～昭和前期
山口県出身

進出するのは中国ではなく、資源が豊富で人口が少ない東南アジアにすべし。それも武力ではなく、経済的に進出しなければならない。

中原義正は、海軍軍人。練習艦隊参謀、連合艦隊参謀、南東方面艦隊参謀長、第十一航空艦隊参謀長などを歴任する。生家は農家。最終階級は海軍中将。

海軍兵学校を卒業後、海軍少尉に就く。その後、第一潜水戦隊参謀などを経て、一九二六年に海軍大学校を卒業する。軍令部第一班第一課参謀、ジュネーブ出張、連合艦隊参謀などを経て、一九四〇年には海軍少将に昇進する。中国大陸よりも資源が豊富な東南アジアに進出するべきだという「南進論」を一貫して主張する。標記はその言葉。

太平洋戦争では、南東方面艦隊参謀長と第十一航空艦隊参謀長を兼任し、一九四三年には海軍中将に昇進する。その後、南東方面艦隊司令部付に任命されるが、戦傷を受けて軍令部出仕になった。

一九四四年に死去する。五十一歳没。

高木惣吉《たかぎそうきち》

1893～1979年
明治中期～昭和後期
熊本県出身

読みが浅かった。暗殺を実行していたら、陸軍と海軍の対立がさらに激しくなって、逆に終戦がやりにくくなっただろう。

東條英機総理大臣の暗殺計画を述懐して。

高木惣吉は、海軍軍人。内閣副書記官長、大臣秘書官、海軍省教育局長、海軍大学校の教官などを歴任する。最終階級は海軍少将。

苦学しながら受験資格を取得し、海軍兵学校に入学する。卒業後、海軍少尉に任命された。

一九二六年に海軍大学校を卒業し、海軍少佐に就き、フランス勤務を経験。ロンドン海軍軍縮会議に連絡事務担当として出席する。

一九三九年、海軍に調査課ができると、ブレーントラスト（brain trust）を提案する。これによって戦争を多角的に組織で研究するようになる。

太平洋戦争の早期終結のために、東條英機総理大臣の暗殺を計画する。実際に同志も集めたが、実行前に東條内閣は総辞職し、未遂に終わる。

終戦後は、軍事評論家として活動する。一九七九年、神奈川県の自宅で死去する。八十五歳没。

中澤《なかざわ》佑《たすく》

1894～1977年
明治中期～昭和後期
長野県出身

笑わんとして死地に向かわんとする特攻隊勇士

中澤佑は、海軍軍人。軍令部作戦部長、台湾航空隊司令官などを歴任する。生家は旧高島藩の祐筆。最終階級は海軍中将。特攻隊戦法を立案したとされるが、中澤は大西瀧治郎海軍中将が発案したと主張した。

海軍兵学校を卒業後、練習艦隊の遠洋航海に出る。一九二八年、海軍大学校を卒業し、アメリカの日本大使館に勤務するかたわらスタンフォード大学に留学する。軍令部第一部長として、人間魚雷の回天などをもとに特攻作戦を立案する。

一九四五年、前線を希望して台湾航空隊の司令官として台湾に勤務し、神風特攻隊の指揮にあたる。標記はそのときのアルバムに残した言葉。

終戦後、東京裁判で重労働十年間の刑を受け、仮釈放後、アメリカ海軍の横須賀基地に勤務する。

一九七七年に死去する。八十三歳没。

第五章　時代を動かした政治家、思想家の名言

岩倉具視《いわくらともみ》

1825～1883年
江戸後期～明治中期
現在の京都出身

我が国小なりといえども、誠によく上下同心その目的を一にし、務めて国力を培養せば、宇内《うだい》に雄飛《ゆうひ》し万国に対立するの大業甚《はなは》だ難しきにあらざるべし。

日本は小国であるが、目的を一つにすれば、世界を相手に飛躍することも難しくはないという意味。

岩倉具視は、下級公家、政治家。明治新政府の副総裁、外務卿、右大臣などを歴任する。

幕末に公武合体を提唱するが、受け入れられず出家する。数年後、幕府主導の大政奉還に対して、薩摩藩士とともに王政復古の大号令を発して倒幕を実現した。

明治新政府では、三条実美とともに実質的なトップになる。西郷隆盛の征韓論を否決したことから、赤坂喰違で征韓派の士族に襲われる（喰違の変）。

自由民権運動が高まると憲法の必要性を感じて、伊藤博文に憲法作成を任命する。伊藤は研究のためヨーロッパに向かうが、帰国前に岩倉は咽頭癌により死去する。五十七歳没。ちなみに、岩倉具視は癌告知を初めて受けた日本人である。

西《にし》周《あまね》

1829～1897年
江戸後期～明治後期
現在の島根県出身

三宝とは、第一に健康、第二に知識、第三に富。この三つなり。

西周は、幕臣、政治家、官僚、教育者。貴族院議員をはじめ、東京学士会院の会長、獨逸学協会学校（現在の獨協中学校・高等学校）の初代校長などを歴任する。父親は津和野藩の医師。日本初の西洋哲学者と呼ばれている。

藩校の養老館で蘭学を習得、幕府留学生としてオランダで学ぶ。帰国後、徳川慶喜の側近に任命され、オランダの経済学や国際法などを伝授する。

明治新政府になると、兵部省や文部省、宮内省などに勤め、軍政の確立に尽力する。

その後、森有礼や福澤諭吉らと明六社を結成し、西洋哲学の翻訳などを通じて、日本の哲学の基礎を築く。〝哲学〟をはじめ、〝主観〟〝客観〟〝観念〟〝感性〟など多くの哲学や科学関係の用語をつくる。

一八九〇年に貴族院議員になり、一八九七年に死去する。六十七歳没。

田中正造《たなかしょうぞう》

1841～1913年
江戸後期～大正
現在の栃木県出身

民を殺すは、国家を殺すなり。

田中正造は、政治家。衆議院議員をはじめ、新聞の編集長、区会議員、栃木県議会議員、県会議長などを歴任する。日本初の公害事件と言われる足尾銅山鉱毒事件を告発した政治家として有名。

生家は地主だったが、村民と生活改善を領主に陳述して投獄される。明治新政府になると、栃木県議会議員や栃木新聞の編集長を務める。

一八八五年、足尾銅山から流れ出した鉱毒によって稲が枯れる。この鉱毒問題の解明に生涯を捧げることになる（足尾鉱毒事件）。

自分の寿命を感じて、支援者への挨拶まわりをする途中、支援者宅で倒れて胃癌により死去する。七十一歳没。鉱毒反対運動に全財産を捧げ、亡くなるときには無一文だったという。

一九七三年、銅山は閉山して汚染物質は減少するが、現在でも渡良瀬川などで発見されている。

大井憲太郎《おおいけんたろう》

1843～1922年
江戸後期～大正
現在の大分県出身

人存スレバ即チ自由アリ、自由滅スレバ即チ人死ス。

大井憲太郎は、政治家、弁護士。幕軍砲兵隊を経て、弁護士、衆議院議員などを歴任する。生家は農家。

長崎や江戸で学び、幕府の開成所舎密局で働く。戊辰戦争では幕軍砲兵隊として新政府軍と戦い、幕府の敗北後、謹慎処分を受ける。

明治新政府では、元老院少書記官など経て、弁護士や自由民権運動の指導者になる。

一八八五年、朝鮮の内政改革のために大阪事件を起こして逮捕される。標記は大阪事件で投獄中に執筆した『自由略論』の中の言葉。

一八九四年、衆議院議員に当選し、その後も普通選挙期成同盟会を結成、自由民権運動を続けた。日露戦争後、満州の日本人の生活改善に尽力する。

晩年は寝たきりの生活が続き、一九二二年に死去。七十九歳没。

中江兆民《なかえちょうみん》

1847～ 1901年
江戸後期～明治後期
現在の高知県出身

自由は、自ら取るものであって、もらうものではない。

雑誌『自由平等軽論』に掲載された「放談」より。

中江兆民は、政治家。生家は土佐藩の足軽。フランスのジャン・ジャック・ルソーを紹介して広く知られる。

幕末は長崎でフランス語を学び、フランス外交団の通訳を務め、明治新政府では岩倉使節団で海外を経験し、憲法草案の準備を進める。

その後、ルソーの『社会契約論』の翻訳本『民約訳解』を発表し、〝東洋のルソー〟と呼ばれた。

大同団結運動に参加したため、保安条例で東京を追われ大阪に行く。一八九〇年、第一回衆議院議員の総選挙で当選し、国会議員になるが、加盟した立憲自由党の土佐派と対立して辞表を提出。

その後、北海道の小樽で実業家として林業などを営むが軌道に乗ることはなかった。一九〇一年、食道癌により死去。五十四歳没。病床で随想集『一年有半』『続一年有半』を執筆して遺稿になる。

植木枝盛《うえきえもり》

1857～1892年
江戸後期～明治中期
現在の高知県出身

国民の議論や執筆の自由を認めない政府。彼らは我々を猿だと見下しているのだ。

植木枝盛は、政治家。自由民権運動の指導者として衆議院議員を務める。生家は土佐藩士。一八七十九歳で上京して福澤諭吉に師事する。一八七六年、『猿人君主』が郵便報知新聞に掲載されるが、讒謗律（名誉毀損）に抵触して投獄される。標記はそのときの言葉。

板垣退助の書生として立志社に参加し、演説の依頼を受けるようになる。難解な政治用語を避けた演説は評判がよかったという。聴衆が覚えやすいように歌にすることもあり、植木がつくった「民権かぞへ歌」が当時流行する。

一八八六年、高知県会議員に就く。その後、帝国議会開設にあたり第一回衆議院議員に当選する。

板垣と意見が対立して立憲自由党を離党。一八九二年、第二回衆議院議員の総選挙を前に、胃潰瘍の悪化により死去。三十五歳没。

新渡戸稲造《にとべいなぞう》

1862～1933年
江戸後期～昭和前期
現在の岩手県出身

太平洋の架け橋になりたい。

新渡戸稲造は、政治家、教育者、作家。台湾総督府技官、東京帝国大学（現・東京大学）の教授、貴族院議員、東京女子経済専門学校（現・新渡戸文化短期大学）の初代校長などを歴任する。生家は盛岡藩士。肖像画が五千円札に使用された。

札幌農学校（現・北海道大学）を卒業後、帝国大学に進学するが、研究レベルの低さに失望して、アメリカに留学する。標記はそのときの言葉。

札幌農学校の教授に就くが体調を崩し、カリフォルニアで療養生活を送る。一九〇〇年に発表した著作『武士道』は、何ヵ国語にも翻訳されて、大ベストセラーになる。ルーズベルト大統領も感銘を受けたという。

一九三三年、カナダで開かれた太平洋調査会会議に日本代表団の団長として出席。会議終了後に倒れ、そのまま死去する。七十一歳没。

徳富蘇峰《とくとみそほう》

1863～1957年
江戸後期～昭和中期
現在の熊本県出身

図に乗って、日本をナポレオンや今川義元、秀吉だと勘違いしてはいけない。引き際が大切だ。

徳富蘇峰は、政治家。『國民新聞』を主宰し、『近世日本国民史』を発表。一九一一年に貴族院勅選議員に任命される。生家は熊本藩の郷士で父親は藩政改革にたずさわった。小説家の徳冨蘆花は弟。熊本洋学校で『聖書』に出会い、西洋文化やキリスト教に興味をもち、自由民権運動に参加する。

一八八七年、民友社を設立し、雑誌『国民之友』を創刊。さらに国民新聞社を設立して『國民新聞』を創刊し、各方面から注目される。しかし、日清戦争が勃発すると植民地政策を肯定し、これが批判の対象になり『国民之友』の不買運動が起こる。ポーツマス条約では、標記のように政府を擁護したため、日比谷焼打事件のときに会社が襲われる。その後、貴族院勅選議員に就く。

晩年は、百巻にもおよぶ『近世日本国民史』を執筆する。一九五七年、熱海で死去。九十四歳没。

中村是公《なかむらよしこと》

1867～1927年
江戸後期～昭和前期
現在の広島県出身

人も住んでないような山中に線路をひいて、あなたは山猿でも乗せるおつもりですか？

一九一八年、原敬は総理大臣に就くと、地元の岩手県に山田線の建設を企画する。それに反対して。

中村是公は、政治家、官僚、実業家。東京市長をはじめ、南満州鉄道株式会社の総裁、鉄道院の総裁、貴族院議員などを歴任した。生家は酒造業を営む。大審院検事を務めた鈴木宗言は兄。

第一高等中学校で夏目漱石と知り合い、親交は大人になっても続いた。

東京帝国大学（現・東京大学）を卒業後、大蔵省に入省し後藤新平に認められて、一九〇八年に南満州鉄道株式会社の総裁に任命される。〝満鉄の基礎をつくった〟と言われている。

鉄道院の総裁などを経て、関東大震災が発生した翌年に東京市長に就き、東京の復興に尽力する。

一九二七年、胃潰瘍により死去。五十九歳没。

ちなみに、東京の渋谷で二〇〇五年まで営業されていた敷地面積約三〇〇〇坪のレストラン・羽澤ガーデンは、中村の自宅を改築したもの。

美濃部達吉《みのべたつきち》

1873～1948年
明治前期～昭和中期
兵庫県出身

いかなる学問でも、学説を批判するからには、その学問について相当な造詣《ぞうけい》と批判能力を備えていなければならない。

貴族院本会議で、菊池武夫議員から「天皇機関説」の批判を受ける。その答弁における冒頭の言葉より。

美濃部達吉は、政治家、法学者、教育者。貴族院勅選議員をはじめ、帝国学士院会員、枢密顧問官、大学の教授などを歴任する。天皇機関説で大正デモクラシーの理論家として知られる。父親は漢方医。長男の美濃部亮吉は東京都知事を務めた。

東京帝国大学（現・東京大学）を卒業後、内務省に入省する。ドイツやフランス、イギリスに留学し、東京帝国大学で教鞭をとる。

一九一二年、著書『憲法講話』で「君主は国家における一つの、かつ最高の機関である」とする天皇機関説を発表。その後、貴族院議員になる。天皇機関説で不敬罪に問われるが、不起訴になり、それを不満に思う右翼に襲われて重傷を負う。終戦後、憲法を研究して多くの著書を発表する。日本国憲法施行の一年後、一九四八年に死去する。七十五歳没。

美濃部亮吉《みのべりょうきち》

1904～1984年
明治後期～昭和後期
東京都出身

一人でも反対したら橋は架けない。

東京都知事のときに、東京外環自動車道と首都高速中央環状線の開通で、少数意見を重視して、道路工事反対の立場に立ったときの言葉。

美濃部亮吉は、政治家、経済学者、教育者。東京都知事をはじめ、参議院議員、毎日新聞論説委員、内閣統計委員会の事務局長、大学の教授などを歴任する。父親は天皇機関説の美濃部達吉。

東京帝国大学（現・東京大学）を卒業後、東京帝国大学の講師や法政大学の教授を務める。一九三八年、人民戦線事件で検挙され、法政大学の教授を辞任する。

終戦後、内閣統計委員会の事務局長などを経て、一九六七年、東京都知事に当選する。老人医療費の無料化、歩行者天国の実施、都主催の公営ギャンブル廃止、公害防止条例の改正など福祉や環境政策を打ち出し、十二年間三期にわたり務める。

一九八〇年、参議院議員に当選するが、一九八四年、書斎で書き物をしていて、そのまま眠るように亡くなる。八十歳没。

新島八重《にいじまやえ》

1845年〜1932年
江戸後期〜昭和前期
現在の福島県出身

主君のため、弟のため、命の限り戦う決心で城に入りました。

新島八重は、会津藩の女性志士、教育者、看護婦。父親は会津藩の砲術師範。会津藩の洋式銃の使い手として、新島襄の妻として、日清・日露戦争の看護婦として知られる。皇族を除いて初めて叙勲を受けた女性である。

当時の女性としてはめずらしく薙刀や砲術の使い手になる。戊辰戦争における会津戦争では、若松城の籠城戦に参加する。標記はそのときの言葉。

明治新政府になると、京都府で役人になった兄の推薦で京都女紅場（現・京都府立鴨沂高等学校）の講師に就き、新島襄と知り合い結婚する。

新島が創立した同志社英学校で働くが、かつての薩摩や長州藩の学生を冷遇することもあった。

新島が亡くなると、看護婦として日清・日露戦争に従軍し、看護婦の地位の向上に努めた。

一九三二年に自宅で死去する。八十六歳没。

新島襄《にいじまじょう》

1843〜1890年
江戸後期〜明治中期
現在の東京都出身

妻の八重は、決して美しくはありません。ただ、生き方がハンサムなのです。私にはそれで十分です。

アメリカの友人に宛てた手紙から。

新島襄は、教育者。〝明治六大教育家〟（大木喬任、森有礼、近藤真琴、中村正直、新島襄、福澤諭吉）の一人。同志社大学の創設者として有名。

生家は安中藩士で、江戸神田の安中藩江戸屋敷で生まれる。幕府の軍艦操練所で洋学を学ぶが、アメリカに興味を持ち、箱館に渡りロシア領事館の司祭の協力を得て、アメリカに密航する。

アマースト大学を卒業し、日本人初の学士学位を取得する。その後、岩倉使節団と遭遇し、木戸孝允に認められて通訳として使節団に参加する。

帰国後、旧会津藩の女性志士の山本八重と出会い結婚する。標記はその頃の手紙。

同志社英学校（現・同志社大学）を創立し、大学にするために全国を走り回るが、心臓疾患を悪化させて群馬県で倒れ、一八九〇年、静養先の神奈川県で急性腹膜炎により死去する。四十六歳没。

福澤諭吉《ふくざわゆきち》

1835～1901年
江戸後期～明治後期
現在の大阪府出身

志をもたないと、良い仕事はできない。

福澤諭吉は、中津藩士、教育者。生家は中津藩の下級藩士。〝明治六大教育家〟の一人で、慶應義塾大学の創設者として、また、代表著書『学問のすゝめ』の冒頭の言葉、「天は人の上に人をつくらず、人の下に人をつくらず」で有名。

ペリーの来航による時代の変化から学問の必要性を感じ、長崎で蘭学を学び、江戸の中津藩邸の蘭学塾の講師になる。この蘭学塾がのちに慶應義塾大学に発展する。

幕末では幕府に仕えて、アメリカやヨーロッパを視察、文化や思想を学んだ。

明治新政府とは方針が合わず、政治から距離を置いて教育と著作に専念する。イギリスの経済学と自由主義を基礎にした自由思想の普及に努め、伝染病研究所の創設にも尽力した。

一九〇一年、脳出血により死去。六十六歳没。

近藤真琴《こんどうまこと》

1831～1886年
江戸後期～明治中期
現在の東京都出身

他山《たざん》の石以《もっ》て玉《たま》を攻《おさ》むべし

よその山の悪い石を使って自分の玉を磨くことができるの意から、人の軽薄な言動も自分を育てる助けとなるという意味。

近藤真琴は、鳥羽藩士、教育家。〝明治の六大教育家〟の一人で攻玉社（現・攻玉社学園）の創立者。自宅生家は鳥羽藩士で、江戸藩邸で生まれる。自宅で蘭学塾を開き、幕府の海軍操練所に勤め、海軍中佐まで昇進し、海軍兵学校の教育に貢献した。

一八六三年、攻玉社を開き、数学やオランダ語、海術などを教え、もっとも早く日本語の文法に着手した。標記は、攻玉社の建学の精神。詩経の一説で、近藤の好きな言葉であったという。

国語学者としても数々の業績を残した。著書『ことばのその』は、日本初のかな書き辞書で、翻訳本『新未来記』は、日本で初めて翻訳されたＳＦ小説と言われている。

一八八一年、日本初の近代海員養成機関の鳥羽商船黌（現・鳥羽商船高等専門学校）を創立する。

一八八六年に死去する。五十四歳没。

なかむらまさなお
中村正直《なかむらまさなお》

1832～1891年
江戸後期～明治中期
現在の東京都出身

天は自ら助くる者を助く。

翻訳本『自助論』の序文から。

中村正直は、幕臣、教育者。生家は幕府同心。〝明治の六大教育家〟の一人で、東京女子師範学校（現・お茶の水女子大学）校長、東京帝国大学（現・東京大学）の教授などを歴任する。

昌平坂学問所で学び、イギリスに留学し、一八七〇年にサミュエル・スマイルズの『Self Help』の翻訳本『西国立志編』（別訳名『自助論』）を出版、一〇〇万部以上を売り上げる。また、ジョン・スチュアート・ミルの『On Liberty』を翻訳した『自由之理』（『自由論』）では個人の尊厳と自由を説いた。一八七三年には同人社を創立し、英語や西洋文化全般を教える。その後、同人社女学校を開設して、女子教育や障害者教育にも力を入れた。一八九一年に病死する。享年五十八歳没。

葬儀には二千名以上が列席し、目の不自由な人が約八十名ほどいたという。

津田左右吉《つだそうきち》

1873～ 1961年
明治前期～昭和中期
岐阜県出身

国民の思想は、国民の全生活であるとともに、歴史的に発達するものであることは言うまでもない。

津田左右吉は、歴史学者。生家は尾張藩の家老竹腰家の家臣。『日本書紀』『古事記』を史料批判の観点から、近代的に研究したことで知られる。

東京専門学校（現・早稲田大学）を卒業後、中学校教員に就く。その後、満鮮歴史地理調査室の研究員になり『朝鮮歴史地理』を編集する。一九一八年、早稲田大学の講師に就任し、東洋史や東洋哲学を教える。

『古事記及び日本書紀の研究』『神代史の研究』『日本上代史研究』『上代日本の社会及思想』の四冊が、天孫降臨などの史実性を否定したとして、一九四〇年に発売禁止になる。また、皇室の尊厳を冒涜したとして出版法違反で起訴される。

終戦後、神話と史実を客観的にとらえる津田史観が主流になり、〝歴史学者の代表〟と呼ばれる。

一九六一年、武蔵境の自宅で死去。八十八歳没。

柳田國男《やなぎたくにお》

1875～1962年
明治前期～昭和中期
兵庫県出身

我々が空想で描いて見る世界よりも、隠れた現実の方が遥かに物深い。

著書『山の人生』より。

柳田國男は、民俗学者、教育者、官僚。父親は医者。

日本各地を調査し、日本における民俗学の礎をつくった。また、農商務省で法制局参事官や貴族院書記官長を経験し、朝日新聞社の客員論説委員、国際連盟委員、戦後には、枢密顧問官に就任し、國學院大學の教授を務めるなど民俗学者以外にも様々なキャリアを積んだ。

東京帝国大学（現・東京大学）卒業後、農商務省に入省し、東北地方などの農村の調査や研究に没頭する。田山花袋や島崎藤村などの文学者と交流をもつが、しだいに自然主義文学から離れる。

雑誌『郷土研究』を刊行し、自身の理論や方法論を提示する。自宅の書斎の隣に民俗学研究所を設立した。一九六二年、心臓衰弱により自宅で死去。八十七歳没。

田尻愛義《たじりあきよし》

1896～1975年
明治中期～昭和後期
島根県出身

「中国側の不法行為だった」という説明ほど、良心に反し、曲筆《きょくひつ》をろうしたものはなかった。

『田尻愛義回想録』より。曲筆とは、事実を曲げて書くこと。

田尻愛義は、官僚、教育者。上海特命全権公使、外務省政務局長、外務次官などを歴任する。

東京高等商業学校（現・一橋大学）を卒業後、教諭になる。一九二一年に外交官試験に合格し、イギリスに留学する。帰国後、中国勤務を希望して、一九二五年、漢口総領事館の領事館補に任命される。その後、天津総領事代理を務める。

天津在任中の一九三一年、関東軍はラストエンペラーの溥儀を天津から脱出させるために、中国人に発砲騒ぎを起こさせる。田尻はこの発砲騒ぎを「中国側の不法行為だ」とリットン調査団に報告する。しかし『回想録』では、虚偽の報告を後悔していると告白した。標記はその言葉。

外務省調査部長として日米開戦を迎え、鈴木貫太郎内閣では大東亜次官を務めた。

一九七五年に死去する。七十八歳没。

下山定則《しもやまさだのり》

1901～1949年
明治後期～昭和中期
兵庫県出身

GHQから「国鉄職員を大量解雇しろ」という指示があって弱ってるよ。

下山定則は、官僚。日本国有鉄道の初代総裁をはじめ、運輸次官、名古屋鉄道局長、東京鉄道局長などを歴任する。父親は司法官。

転校の多い学生生活だったが、稚内から鹿児島までの駅名を暗記していて、それが転校先の友人に喜ばれたという。東京帝国大学（現・東京大学）を卒業後、鉄道省に入省。鉄道総局業務局長補佐に就くと、運輸畑と技術畑を円滑にした。

終戦後、名古屋鉄道局長や東京鉄道局長を務めるが、戦後の混乱期ということもあり、乗客から暴行を受けて、睾丸破裂という重傷を負う。

終戦後の一九四九年、日本国有鉄道が発足すると、初代総裁に就任する。約十万人の職員解雇が決定され、第一次解雇の三万七〇〇〇人に通告する。その翌朝に消息を絶ち、次の日に遺体となって発見される（下山事件）。四十七歳没。

幸徳秋水《こうとくしゅうすい》

1871～1911年
明治前期～明治後期
高知県出身

人は平等なり。婦人もまた平等な人間なり。

幸徳秋水は、思想家。大逆事件（幸徳事件）で処刑された十二名の中の一人。

生家は酒造業と薬種業を営む町の有力者だったが、明治になると没落し、貧困生活を送る。この経験から自由民権思想に傾倒する。

中江兆民の門弟になり、『自由新聞』などで働くようになる。一九〇三年に発表した『社会主義神髄』で多くの若者に影響を与えた。

日露戦争に反対する平民社を堺利彦と結成し、週刊『平民新聞』を刊行するが、新聞紙条例で投獄される。出獄後に渡米し、帰国すると日本社会党でゼネラル・ストライキを提唱する。

しかし一九一一年、大逆事件の首謀者にされて絞首刑により死去。三十九歳没。

一九〇一年に刊行された『帝国主義』は、現在でもフランス語で翻訳されるなど評価が高い。

北一輝《きたいっき》

1883～1937年
明治前期～昭和前期
新潟県出身

明治維新によって、日本は一体化した民主主義国家になった。しかし財閥や官僚制によって、一体性は損なわれた。この原因を取り除かなければならない。

著書『日本改造法案大綱』より。

北一輝は、思想家。二・二六事件は、北の思想に影響を受けたものとして、民間人だったが特設軍法会議で死刑判決を受け、銃殺刑に処される。社会主義者か国粋主義者か、いまだにその思想は研究対象になっている。

父親が酒造業と町長を務める家庭で育ち、早稲田大学の聴講生を経て社会主義に傾倒する。一九〇六年、『国体論及び純正社会主義』を刊行するが発売禁止処分になり、特高警察の監視対象になる。『日本改造法案大綱』を刊行すると、その内容に影響された青年将校たちが、一九三六年、二・二六事件を起こす。北は計画を事前に知り、リーダーの西田税らに「時期尚早である」と助言したが、事件そのものには関与しなかった。

しかし、特設軍法会議で首謀者にされ、叛乱罪で一九三七年に死刑に処される。五十四歳没。

川島芳子《かわしまよしこ》

1907～1948年
明治後期～昭和中期
北京出身

僕のようになってはいけない。今の僕を見てみろ。利用されるだけされて、ゴミのように捨てられる人間がここにいる。

女優の山口淑子に宛てた手紙より。

川島芳子は、清の独立運動家、日本軍のスパイ。熱河自警団の総司令などを務めた。清の皇族の善耆の娘。男装することも多く、〝男装の麗人〟と呼ばれた。中国名は愛新覺羅顯玗。

一九一一年の辛亥革命で立場が不利になった善耆は、川島浪速の手引きで旅順に逃げる。川島は元信州松本藩士で、北京警務学堂の総監督を務めていた。愛新覺羅顯玗は川島の養女になり、川島芳子の名前で日本で教育を受ける。

一九三〇年、上海で田中隆吉少佐と交際し、日本軍のスパイ活動に関わる。第一次上海事変のきっかけをつくるなど、様々な活動が伝えられているが、その事実関係は不明である。女優の山口淑子（李香蘭）と親交をもち、標記の手紙を送る。

終戦後、中国政府に逮捕されて銃殺刑により死去。四十歳没。

第六章　幕末を動かした志士、政治家の名言

西郷隆盛《さいごうたかもり》

1828～1877年
江戸後期～明治前期
現在の鹿児島県出身

人を相手にせず、天を相手にせよ。天を相手にして己を尽くし、人をとがめず、我が誠の足らざるを尋《たず》ぬべし。

『南洲翁遺訓』より。他人と自分を比較するのではなくて、天を相手にしなさい。決して人をとがめてはいけない。自分の真心の足りないことを反省しなさいという意味。『南洲翁遺訓』は、西郷隆盛の遺訓集。旧庄内藩の関係者が西郷から聞いた話をまとめたもの。

西郷隆盛は、薩摩藩士、軍人、政治家。薩摩藩の大久保利通、長州藩の桂小五郎と並び、〝維新の三傑〟と称される。最終階級は陸軍大将。

薩摩藩の下級藩士の家に生まれ、藩主島津斉彬に認められ庭方役に出世する。坂本龍馬の仲立ちで、対立していた長州藩の木戸孝允と薩長同盟を結び、倒幕運動の中心人物になる。

明治新政府では、廃藩置県などの改革を進めるが、征韓論を反対されて政府を去り、新政府に対して西南戦争を起こす。戦いは七ヵ月にもおよんだが、鹿児島軍の大将として敗れ、一八七七年、別府晋介の介錯で切腹する。四十九歳没。

大久保利通《おおくぼとしみち》

1830～1878年
江戸後期～明治前期
現在の鹿児島県出身

為政清明《いせいせいめい》

政治をする者は、清く正しい心でなければならないという意味。

大久保利通は、薩摩藩士、政治家。明治新政府で大蔵卿をはじめ、初代の内務卿などを歴任する。〝維新の三傑〟と称される。

薩摩藩の琉球館附役の下級藩士の家に生まれ、徒目付になり、討幕運動の中心人物として公武合体における働きで広く知られるようになる。

明治新政府では、木戸孝允らと版籍奉還、廃藩置県など中央集権体制の確立のために尽力する。

西南戦争では政府軍として戦い、その後、内務省を設置する。初代内務卿として実権を握ると、学制や地租改正、徴兵令などを実施した。その後、〝富国強兵〟をスローガンとして、殖産興業政策を推進する。

一九七八年、西南戦争の結果に不満をもつ旧加賀藩士と旧鳥取藩士に、東京紀尾井坂で暗殺される（紀尾井坂の変）。四十七歳没。

木戸孝允《きどたかよし》

1833～1877年
江戸後期～明治前期
現在の山口県出身

人の功を取って我が拙《せつ》を捨て、人の長を取って我が短を補う。

自分の短所をなおすには、人の長所を取り入れるとよいという意味。

木戸孝允（桂小五郎）は、長州藩士、政治家。参与、参議、文部卿、内務卿などを歴任する。〝維新の三傑〟と称される。

生家は長州藩医で、七歳で桂家の養子になり長州藩士の身分に就く。藩主毛利敬親に学識を賞賛され注目される。

高杉晋作や久坂玄瑞らと長州藩の尊攘派のリーダーになるが、一方で勝海舟や坂本龍馬などの開明派とも親交を持つ。

明治新政府では、五箇条の御誓文、版籍奉還・廃藩置県、四民平等、憲法制定、三権分立、二院制などを確立し、常に注目を浴びた。

しかし晩年は、薩摩藩出身の大久保利通と意見の衝突が目立ち、孤立することも多かった。

病気が悪化するなか西南戦争が続き、新政府と西郷隆盛の両方を案じて死去する。四十三歳没。

坂本龍馬《さかもとりょうま》

1836～1867年
江戸後期～江戸後期
現在の高知県出身

日本を今一度せんたくいたし申候。

姉の坂本乙女に宛てた手紙より。


坂本龍馬は、土佐藩。薩摩藩の援助を受けて、貿易や政治を目的とした亀山社中（後の海援隊）を結成して隊長を務める。

生家は豪商から分家した土佐藩下士で、土佐藩を脱藩して、尊王攘夷論を超えた視点から幕末を動かす志士になる。

一八六三年、幕府は下関戦争が終ると敵国のイギリスやフランス、オランダ、アメリカの軍艦の修理を行なう。この外国にこびる行為に対してもはや幕府に日本を任せられないと考える。標記は、そのときの気持ちを綴った言葉。

混乱の幕末にあって、薩長同盟や大政奉還の成立に尽力し倒幕を推進する。

一八六七年、大政奉還成立の一ヵ月後に近江屋事件で暗殺される。暗殺犯については諸説あり真相は不明である。三十一歳没。

佐《さ》久《く》間《ま》象山《しょうざん》

1811～1864年
江戸後期～江戸後期
現在の長野県出身

政治とは人で決まるもの。才を有するものが一人いれば、一国の政治は一気に好転いたしましょう。

佐久間象山は、松代藩士、兵学者、教育者。生家は松代藩の下級藩士。江戸で私塾・象山書院を開いて儒学を教えた。

一八三三年に江戸に出て、佐藤一斎から詩文や儒学を学び、象山書院を開く。

松代藩主真田幸貫に洋学を研究するように任じられる。江川英龍に師事し西洋兵学を学び、真田幸貫に『海防八策』を献上し評価される。また、大砲を鋳造して広く名前を知られるようになる。

一八五四年、二度目のペリー来航の際に、門下生の吉田松陰が密航に失敗すると、責任をとらされて入獄する。

一八六四年、幕府最後の将軍一橋慶喜に公武合体論と開国論を説くと、尊皇攘夷派の志士に反感をもたれ、〝幕末四大人斬り〟の一人である熊本藩士の河上彦斎に暗殺される。五十三歳没。

吉田松陰《よしだしょういん》

1830～1859年
江戸後期～江戸後期
現在の山口県出身

志を立てるためには、人と異なることを恐れてはならない。

吉田松陰は、長州藩士、教育者。下級藩士の出身でありながら、尊王攘夷や開国思想の指導者として幕末に大きな影響を与えた。

アヘン戦争で清が負けると時代の流れを痛感し、新しい学問を学ぶために長崎に留学する。その後、江戸で佐久間象山に学び、海外事情に目を向ける。

一八五三年、ペリー来航を目撃する。翌年、再び下田に来航したペリー艦隊に同行を求めるが拒絶され、萩の牢獄につながれる。

出獄後、松下村塾を開き、伊藤博文や山縣有朋、久坂玄瑞ら多くの尊王攘夷志士を輩出した。

一八五八年、幕府が結んだ日米修好通商条約を批判し、老中首座間部詮勝の暗殺を計画する。

実行にはいたらなかったが、島流しの刑が言い渡された。吉田自身が死罪を要求して、一八五九年に斬首刑に処される。二十九歳没。

勝《かつ》海舟《かいしゅう》

1823～1899年
江戸後期～明治後期
現在の東京都出身

自分の価値は自分で決めろ。つらくても貧乏でも、自分で自分を殺すことだけはしてはいけない。

勝海舟は、幕臣、官僚。生家は旗本。江戸幕府の軍艦奉行並や軍事総裁などを経て、明治新政府では海軍卿や枢密顧問官などを歴任する。

蘭学や兵学を学び、私塾・氷解塾を開く。一八五三年に安政の改革が行なわれると、長崎海軍伝習所で海軍技術を研究する。

一八六〇年、福澤諭吉などと渡米し、帰国後、軍艦奉行並に就いて神戸海軍操練所を開設する。

戊辰戦争では、幕府軍の軍事総裁として早期停戦を画策する。新政府軍が江戸に攻め入ると、幕府軍の代表として西郷隆盛と交渉し、江戸城の無血開城を実現した。

明治政府では、参議や海軍卿などの要職に就き、幕府最後の将軍徳川慶喜の名誉回復と旧幕臣の生活の援助などを三十年にわたって努めた。

一八九九年、脳溢血により死去。七十五歳没。

緒方洪庵《おがたこうあん》

1810～1863年
江戸後期～江戸後期
現在の岡山県出身

病者に対しては、ただ病を診るべし貴賤貧富《きせんひんぷ》を顧《かえり》みることなかれ。

翻訳書『扶氏経験遺訓』より。

緒方洪庵は、足守藩士、医師、蘭学者。生家は足守藩の下級藩士。八歳のときに天然痘にかかるなど身体が弱く、それをきっかけに医師を目指す。長崎に赴き、オランダ人の医師ニーマンに師事し、大坂で病院を開業する。また、蘭学を教える適塾を開く。塾生は三千人とも言われ、福澤諭吉や大鳥圭介ら、幕末から明治にかけて日本を動かす人材を多数輩出した。

天然痘の予防接種の研究に尽力し、日本初の病理学書『病学通論』をまとめ、幕府も洪庵の研究を公認する。また、一八五八年にコレラが流行すると、治療手引書『虎狼痢治準』を多くの医師に配布するなど、日本の医学の近代化に努めた。

その後、江戸に招かれて、奥医師と西洋医学所頭取をかねる。一八六三年、喀血による窒息で死去。五十二歳没。

井伊直弼《いいなおすけ》

1815〜1860年
江戸後期〜江戸後期
現在の滋賀県出身

茶の湯の交会は、一期一会といひて、たとえば幾度同じ主客交会するとも、今日の会に再びかえらざることを思えば、実に我が一世一度の会なり。

茶の席で同じ人と向き合っても、この瞬間は一度限りのものなので、大事にしなければならないという意味。〝一期一会〟という言葉は、もともと千利休の弟子山上宗二の著書にあったもの。それを井伊直弼は自分の茶道の心得とし、井伊の言葉が広まったと言われている。

井伊直弼は、近江彦根藩の第十五代藩主。藩政改革に成功して名君と呼ばれた。幕府十四代将軍に徳川慶福（のちの家茂）を推す譜代大名の中心的存在。一八五八年に大老に就くと、朝廷の許しを待たずに、独断で日米修好通商条約に調印し、さらに慶福を将軍の跡つぎに決める。

条約の反対勢力が台頭すると、これらを粛清した（安政の大獄）。粛清の反感から水戸脱藩浪士と薩摩藩士に暗殺される（桜田門外の変）。四十四歳没。

幕府の要人が名もない武士に暗殺されるという事件は、幕府始まって以来のできごとであり、桜田門外の変以降を〝幕末〟とするという説が多い。

徳川斉昭《とくがわなりあき》

1800～1860年
江戸後期～江戸後期
現在の東京都出身

何事にても我より先なる者あらば聴くことを恥じず。

徳川斉昭は、水戸藩の第九代藩主。幕府十五代将軍徳川慶喜の実父。身分にこだわらず広く人材を登用して、藩政改革に成功する。また、西洋式軍備や軍事学を導入した。幕末の名君の一人。

幕府老中の水野忠邦とは、海防強化や尊王論で親密な関係にあり、一八五三年にペリーが来航すると、老中阿部正弘から海防参与を任され、幕政に関わる。しかし、十三代将軍徳川家定の継嗣争いや日米修好通商条約の締結問題で井伊直弼と争い負ける。

一八五九年、孝明天皇が幕府の開国政策を否定する戊午の密勅を水戸藩に下すと、これがきっかけで井伊直弼と対立を深め、水戸での永蟄居《えいちっきょ》（終身外出を禁じられる刑）を命じられる（安政の大獄）。

永蟄居が解けないまま心筋梗塞で死去する。六十歳没。

山内容堂《やまうちようどう》

1827～1872年
江戸後期～明治前期
現在の高知県出身

大名が倒産した例はないというから、俺が先鞭《せんべん》をつけてやろう。

山内容堂は、土佐藩十五代藩主で、大政奉還を建白した外様大名。吉田東洋を起用して藩政改革を行ない、〝幕末の四賢侯〟と称される。一方で、幕末の時流に左右され「酔えば勤皇（倒幕）、覚めれば佐幕（幕府擁護）」と揶揄された。

全国的に尊王攘夷が主流になると、土佐勤王党を誘導して幕府擁護派の吉田東洋を暗殺させる。しかし八月十八日の政変で、世の中の流れが幕府擁護に向くと、即座に土佐勤王党の粛正を行なう。そして時局がふたたび倒幕に傾くと、十五代将軍徳川慶喜に大政奉還を建白した。

明治新政府になると、内国事務総裁に就任するが、周囲に馴染めずに辞職する。晩年は別邸に妾を十数人も囲い、酒と女性と和歌に明け暮れる隠居生活を送った。標記はその頃の言葉。

一八七二年に脳溢血により死去。四十四歳没。

まつだいらしゅんがく
松平春嶽

1828～1890年
江戸後期～明治中期
現在の東京都出身

我に才略《さいりゃく》なく我に奇なし
常に衆言《しゅうげん》を聴きて宜《よろ》しき所に従ふ。

自分には才能も策もないが、良い意見には耳を傾けるという意味。

松平春嶽は、第十六代越前福井藩主。山内容堂、伊達宗城、島津斉彬とともに〝幕末の四賢侯〟と呼ばれた。

十一歳で福井藩主になり、派閥にとらわれず有能な人材を採用し、洋学所の設置や軍制改革などの藩政改革を行なった。標記はそのときの言葉。

ペリーが来航すると攘夷を主張するが、老中阿部正弘らと交流し、その影響から開国派に転じる。将軍継承問題では一橋慶喜を推し、また日米修好通商条約で井伊直弼と対立して謹慎を命じられる。

井伊が桜田門外の変で暗殺されると、政事総裁職に就任し、会津藩主松平容保の京都守護職の就任、将軍徳川家茂の上洛を推進する（文久の改革）。

明治新政府でも民部卿、大蔵卿などの要職に就き、一八九〇年、自宅で死去する。六十一歳没。

〝明治〟という年号は春嶽が命名したもの。

松平容保《まつだいらかたもり》

1836～1893年
江戸後期～明治中期
現在の東京都出身

義に死すとも不義に生きず

松平容保は、第九代会津藩主（最後の藩主）、京都守護職。一八六〇年に桜田門外の変が起こると、幕府は首謀者のいた水戸藩の討伐を決定するが、幕府と水戸藩の仲裁に入る。

京都では尊王攘夷派の志士の行動が過激になり、京都所司代とは別に京都守護職が新設される。松平春嶽の強い要望を受けて就任する。

新選組などを使って京都の治安維持に尽力し、公武合体を推進する。大政奉還が実現して幕府が幕を閉じると、京都守護職も廃止された。

戊辰戦争では、会津藩は幕府側の中心戦力になる。会津戦争で若松城に篭城し、予備兵力の白虎隊まで投入するが、新政府軍の降伏勧告に応じた。

降伏後、東京における幽閉を経て、一八八〇年に日光東照宮の宮司になる。

一八九三年、肺炎により死去。五十六歳没。

江藤新平《えとうしんぺい》

1834～1874年
江戸後期～明治前期
現在の佐賀県出身

国の富強《ふきょう》の元は、国民の安堵にあり。

江藤新平は、佐賀藩士、政治家。生家は佐賀藩の下級藩士。明治新政府では初代の司法卿を務める。江戸を〝東京〟と改名することを提案した。

佐賀藩の尊王派である義祭同盟に加わり、藩の洋式砲術や貿易関係の役職を務める。

戊辰戦争では、新政府軍の東征大総督府軍監に任命され、幕府軍の彰義隊に勝利する。

明治新政府では、集権国家と四民平等を説き、司法権の独立や司法制度の整備に尽力する。標記は、この時期に提出した意見書の一文である。

征韓論問題では明治政府に反旗を翻す（佐賀の乱）。敗戦の中で上京しようとするが、途中で逮捕される。この逮捕に役立ったのが、江藤が提案した指名手配写真を用いた捜査方法だった。皮肉にも考案者が被適用者第一号になったのだ。一八七四年、佐賀県の嘉瀬刑場で処刑により死去。四十歳没。

渋沢栄一《しぶさわえいいち》

1840～1931年
江戸後期～昭和前期
現在の埼玉県出身

富をなす根源はなにかと言えば、仁義道徳。正しい道理の富でなければ、その富は永続することはできぬ。

渋沢栄一は、幕臣、政治家、官僚、実業家。第一国立銀行や田園都市（現・東急電鉄）をはじめ、様々な企業の設立や経営に関わり、〝日本資本主義の父〟と呼ばれる。理化学研究所の創設者でもある。

生家は豪農だったが一般的な農家と異なり、原料の買い入れと販売などもしていた。

一時期、尊王攘夷運動に傾倒するが、一橋家に仕え、徳川慶喜が将軍を継ぐとともに幕臣になる。

明治新政府では、大蔵省に入省し、井上馨大蔵大輔のもとで、金融や財政制度の制定に努め、株式会社制度の普及にも尽力した。

大蔵省を退省後、第一国立銀行を創立。以後、東京海上火災保険、秩父鉄道などの創設に関わる。

東京深川区会議員を務めるなど、実業界から身を引いたあとは、政治や文化事業にも力を注いだ。

一九三一年、直腸癌により死去。九十一歳没。

高杉晋作《たかすぎしんさく》

1839～1867年
江戸後期～江戸後期
現在の山口県出身

おもしろきこともなき世をおもしろく住みなすものは心なりけり

辞世の歌。おもしろくない世の中をおもしろく生きられるかどうかは、自分の心がけだという意味。

高杉晋作は、長州藩士。吉田松陰の松下村塾で頭角を現わし、藩の命令で上海視察に参加し、帰国後、英国公使館を焼打ちするなど尊王攘夷運動の先頭に立つ。身分を排除した奇兵隊を創設して、長州藩の武力を向上させ倒幕を現実のものにした。

下関戦争で長州が敗北すると、講和条約の席に着く。突きつけられた条件の中で、「彦島の租借」だけは受け入れなかった。のちに伊藤博文は「高杉が彦島の租借を認めていたら、日本は清のように植民地になっていただろう」と述べた。

長崎で蒸気船・丙寅丸を購入。第二次長州征伐では奇兵隊を編成し、丙寅丸に乗り込み海軍総督として幕府軍に勝利する。

幕府のこの敗北がのちに明治維新につながるのだが、明治新政府樹立の一年前、一八六七年に肺結核により死去する。二十七歳没。

吉田稔麿《よしだとしまろ》

1841～1864年
江戸後期～江戸後期
現在の山口県出身

むすびても　又むすびても　黒髪の　みだれそめにし　世をいかにせむ

辞世の歌。思うように髪を結うことができない。そんな髪のように乱れた世の中をいったいどうすれば良いのだろうかという意味。

吉田稔麿は、長州藩士。生家は萩藩の足軽。吉田松陰の松下村塾で学び頭角を現わし、〝松下村塾の四天王〟と呼ばれる。

一八五八年、老中首座間部詮勝の暗殺計画で吉田松陰が投獄されると、免獄に尽力したために謹慎処分になる。

一八六〇年には脱藩して江戸に赴き、江戸の情報収集を行なう。その後、奇兵隊に参加し、奇兵隊をさらに発展させた屠勇隊を編成する。

一八六四年、新選組の襲撃に遭い死亡する（池田屋事件）。死にいたる状況は諸説あるが、新選組の襲撃を長州藩邸に知らせに走ったが、門は開けられず門前で自刃というものだった。二十三歳没。

志半ばに倒れるが、明治新政府の樹立後、内務大臣に就任した品川弥二郎は、「吉田稔麿が生きていたら総理大臣になっていただろう」と語った。

くさかげんずい
久坂玄瑞《くさかげんずい》

1840～1864年
江戸後期～江戸後期
現在の山口県出身

尊藩も弊藩もたとえ滅亡しても大義なれば苦しからず

久坂玄瑞が坂本龍馬に託した武市半平太宛ての手紙より。尊藩は土佐藩、弊藩は長州藩を指す。坂本龍馬はこの言葉に影響を受けたと言われている。

久坂玄瑞は、長州藩士。著書によって藩の方向を決めたり御楯組を結成して行動を起こすなど、長州藩の尊王攘夷派の中心にいた。

生家は藩医だったが両親兄弟を早くに亡くし、十六歳のときにはすでに高名な医師になっていた。吉田松陰の松下村塾で学び、安政の大獄で吉田松陰が処刑されると、反幕府の意思がかたまり、長州藩における尊王攘夷運動の先頭に立つ。

著書『廻瀾條議』『解腕痴言』における時勢論で、長州藩の尊王攘夷運動の方針が決まると、その思想を実践する御楯組を結成。英国公使館の焼き討ちや外国船への砲撃など過激な行動に出る。

一八六四年、蛤御門の変で薩摩藩に敗北すると、長州藩の立場を守るために朝廷への嘆願を申し出る。しかし受け入れられず、寺島忠三郎とともに鷹司邸内で自刃する。二十四歳没。

近藤《こんどう》 勇《いさみ》

1834～1868年
江戸後期～江戸後期
現在の東京都出身

もし、英雄の心がみんなに理解されたら、英雄らしからぬと思われるだろう。しかし、それこそが英雄なのである。

近藤勇は、新選組局長、幕臣。生家は豪農。近藤周助の試衛館に入門し、養子縁組をして近藤勇になる。

幕府を守る浪士組として京都に登り、京都守護職の会津藩の預かりとして、尊王攘夷志士の取り締まりを行なう。八月十八日の政変で評価され、新選組の名前を会津藩から与えられて局長に就く。

その後、池田屋事件、蛤御門の変などの働きを認められて幕臣に取り立てられる。

戊辰戦争が始まると、幕府軍は負け続け、新選組も窮地に陥る。体制を立て直すために、大久保大和と改名し、隊名も甲陽鎮撫隊として現在の千葉県流山市に陣をかまえるが、新政府軍に捕らえられてしまう。

二〇〇名を超えた新選組の局長は、一八六八年、板橋刑場で斬首により死去。三十三歳没。

土方歳三《ひじかたとしぞう》

1835〜1869年
江戸後期〜明治前期
現在の東京都出身

願うこと　あるかもしらず　火取虫

火祭りを見ていると、炎のまわりを煩悩のない虫が集まって来る（火祭りに願いをかける人間と違って、虫にはそういう煩悩がない）という意味。

土方歳三は、新選組副長、幕臣。生家は豪農。上野の呉服店（現・松坂屋）に奉公し、そこで学んだ組織運営のノウハウがのちに新選組で役立つ。〝鬼の副長〟と恐れられ、新選組の実質的なトップは土方だったと言われている。

新選組には、浪士組〜壬生浪士組〜新選組〜甲陽鎮撫隊〜蝦夷共和国という歴史があり、土方はそのすべてに指導者として所属した。また、戊辰戦争における鳥羽・伏見の戦いから箱館戦争まで指揮官を務めるなど常に幕末の戦の中心にいた。

戊辰戦争において、敗北の末に箱館にたどり着く。そこで榎本武揚を総裁とする独立国〝蝦夷共和国〟が樹立させ、陸軍奉行並を務めた。

しかし、新政府軍の箱館への攻撃が開始され、土方は新選組の島田魁らを助けるために出陣、腹部に銃弾を受けて即死する。三十四歳没。

芹《せり》沢《ざわ》鴨《かも》

1827頃～1863年
江戸後期～江戸後期
現在の茨城県出身

尽《じん》忠《ちゅう》報《ほう》国《こく》之《の》士《し》

君主に忠義をつくし国家に報いる志士という意味。

芹沢鴨は、水戸藩浪士、新選組の初代筆頭局長。玉造組～天狗党～浪士組～壬生浪士組～新選組と渡り歩き、新選組で暗殺される。

豪傑な人物で〝尽忠報国之士　芹澤鴨〟と刻まれた鉄扇をいつも手にしていた。標記はその言葉。

浪士組に参加して京都にのぼり、治安維持のために壬生浪士組の初代筆頭局長に就任し、その後、会津藩預かりの新選組を名乗る。

ところがその行動は、治安維持どころか豪商を恐喝するなど盗賊のようなものだった。

会津藩は、近藤勇らに芹沢の暗殺を命じる。暗殺理由は素行の悪さだったが、これは表向きで水戸学を学んだ尊王攘夷思想だったという説もある。

一八六三年、泥酔したところを襲われて刺殺される。三十六歳没。暗殺は長州藩の仕業とされ、葬儀は盛大に執り行なわれた。

飯沼貞吉《いいぬまさだきち》

1854～1931年
江戸後期～昭和前期
現在の福島県出身

過ぎし世は　夢かうつつか　白雲の　空に浮かべる　心地こそすれ

これまでの人生は夢か現実か。まるで空に浮かんでいる雲のような心境だという意味。

飯沼貞吉は、会津藩士、白虎隊士、仙台逓信管理局の工務部長。生家は物頭。会津藩の家老西郷頼母の妻である千重子は叔母にあたる。

文武両道の幼少時代を過ごし、白虎隊に入隊する。白虎隊は十六歳から十七歳で編成されたが、十五歳だったので年齢を偽って入隊したという。

白虎隊は新政府軍との戦いの中、炎に包まれた城下を見て若松城も落城したものと判断して集団自刃におよんだと語られているが、飯沼が晩年残した史料によると、敵に捕まることを望まなかった隊員は、城が焼け落ちていないことを知りながらも自刃を決行したとなっている。その状況で飯沼はただ一人生き残ってしまう。

明治新政府では、逓信省の通信技師を務め、日清戦争にも従軍する。一九三一年、会津に戻ることなく仙台で死去する。七十六歳没。

大塩平八郎《おおしおへいはちろう》

1793～1837年
江戸後期～江戸後期
現在の大阪府出身

身の死するを恐れず、ただ心の死するを恐るるなり

大塩平八郎は、儒学者、大坂町奉行組与力、教育者。生家は代々続く大坂町奉行組与力。家を継ぐかたちで与力を務め、その後、私塾・洗心洞を開いて陽明学を教えた。

天保の大飢饉が始まると、大阪城内の非常用の米で民衆を救うように建言するが却下される。

一八三七年、蔵書や私財を売り払って救済活動を行なうが、もはや武装蜂起によって奉行らを討つ以外に飢饉の解決策はないと判断して、民衆とともに蜂起する。これが大塩平八郎の乱である。

内通者がいたため、乱は半日で鎮圧されて大塩は逃亡し、幕府に送った建議書に期待し約四十日間潜伏するが、火薬を用いて自決。四十四歳没。

大塩平八郎の乱は、幕府の元役人が幕府直轄地で起こした反乱とあって、幕府に時代の変化を感じさせた。

河井継之助《かわいつぎのすけ》

1827～1868年
江戸後期～江戸後期
現在の新潟県出身

たとえばこんなとき、きみならどうするか？　糞をかついで来た奴が、きみにぶつかって刀の鞘《さや》に糞をかけた。手討ちの場面だが、相手を斬らずに武士の体面を保つにはどうしたらよかろうか？

河井継之助は、長岡藩士。江戸に赴き、佐久間象山の象山書院で学ぶ。ペリーが来航すると、長岡藩に建言書を提出。藩主に認められ、御目付格評定方随役に任命される。その後、京都や江戸の勤めを経て、郡奉行に就いて藩政改革を主導する。

戊辰戦争では、長岡藩は幕府側として新政府軍と戦う。河井は江戸藩邸の家宝をすべて売却して、ガトリング砲やフランス製の最新式銃などを購入した。ガトリング砲は、当時日本に三砲しかなく、そのうち二砲を河井が所有していたという。

長岡藩は奥羽越列藩同盟（幕府側）に加わり、北越戦争に突入する。長岡藩兵は火力戦を用い善戦するが徐々に押されて、長岡城は陥落。河井は会津に逃げる。

一八六八年、北越戦争で負った負傷がもとで、会津で死去する。四十一歳没。

第七章　国を動かした外国人政治家の名言

ジョージ・ワシントン

1732〜1799年
江戸中期〜江戸後期
バージニア州出身

悪口に対する最高の返答は、沈黙を守り、自分のやるべきことに黙々と集中することである。

　ワシントンは、アメリカの政治家、陸軍軍人。初代大統領をはじめ、大陸軍司令官などを歴任する。最終階級は中将（死後に陸軍大元帥に昇進）。

　生家はイギリス領バージニア植民地（現・バージニア州）の中流の家庭で、黒人奴隷プランテーションと鉱山開発を営んだ。

　一七五五年、イギリスとフランスの対立から北アメリカで起こったフレンチ・インディアン戦争で活躍し、ヴァージニア州軍司令官に就任する。

　終戦後、イギリスとアメリカ植民地の間に新たに対立が生まれ、独立戦争が勃発すると、大陸軍総司令官に任命される。一七八一年に大陸軍は勝利し、パリ講和条約が締結され、アメリカは独立する。その後、選挙で初代大統領に選ばれる。

　大統領を二期務め故郷に戻り、一七九九年、急性の喉頭炎と肺炎により死去。六十七歳没。

エイブラハム・リンカーン

1809～1865年
江戸後期～江戸後期
ケンタッキー州出身

四十歳を過ぎたら、自分の顔に責任を持たなくてはならない。

リンカーンは、アメリカの政治家、弁護士。第十六代大統領をはじめ、弁護士、イリノイ州下院議員、アメリカ合衆国下院議員などを歴任する。〝奴隷解放の父〟や「人民の、人民による、人民のための政治」という言葉で知られる。

生家は裕福な家庭だったが、リンカーンが七歳のときに土地を失い、貧困の中で育つ。

一八五八年、上院議員選挙における〝リンカーン・ダグラス論争〟で落選したものの知名度を得て、一八六〇年の大統領選挙で当選する。

しかし奴隷制反対の主張が、南部諸州の反発を招き、一八六一年に南北戦争が勃発する。戦争は長期化するが、一八六五年、人口や工業力などで優る北軍の勝利に終わる。

しかし終戦の年、ワシントンD・Cのフォード劇場で観劇中に暗殺される。五十六歳没。

フランクリン・ルーズベルト

1882～1945年
明治前期～昭和前期
ニューヨーク州出身

女房と財布は隠しておけ。あまり人に見せると、手をつけられる恐れがあるから。

ルーズベルトは、アメリカの海軍軍人、政治家。第三十二代大統領をはじめ、海軍次官、ニューヨーク州知事などを歴任する。父親は裕福な地主で鉄道会社の副社長。第二十六代大統領セオドア・ルーズベルトは従兄。

ハーバード大学とコロンビア大学を卒業後、法律事務所で働く。一九一〇年、州議会議員の選挙でダッチェス郡から州上院に出馬し当選する。

一九一三年には海軍次官に任命される。一九三三年に大統領に就くと、世界恐慌に対してニューディール政策を実施し、経済回復に成功する。

在任中に第二次世界大戦、太平洋戦争が勃発するが、アメリカに住む日系人を強制収容し、原子爆弾の開発計画を推進した。

一九四五年四月、戦争の勝利を見ることなく大統領在任中に脳卒中で死去する。六十三歳没。

ジョン・F・ケネディ

1917～1963年
大正～昭和中期
マサチューセッツ州出身

悲惨な失敗をする勇気のある者は、大成功を収める。

ケネディは、アメリカの政治家、海軍軍人。最終階級は中尉。第三十五代大統領をはじめ、マサチューセッツ州選出上院議員、下院議員などを歴任する。生家はアイルランド系移民の実業家。マリリン・モンローとの不倫など、スキャンダルでも世間を騒がせた。

ハーバード大学を卒業後、海軍に入隊し、太平洋戦争ではソロモン諸島に配属される。

一九六〇年、大統領選挙に当選する。大統領在任期間は一九六一年から一九六三年だったが、ピッグス湾事件、キューバ危機、ベルリンの壁の建設、宇宙開発競争、ベトナムの泥沼化、部分的核実験禁止条約の締結など大きな問題に取り組む。

一九六三年、ダラス市内をオープンカーでパレード中に狙撃により暗殺される。四十六歳没。

暗殺には諸説あり、いまだに不明な点が多い。

マシュー・ペリー

1794～1858年
江戸後期～江戸後期
ロードアイランド州出身

人は、自分が納得しないかぎり、他者を納得させることはできない。だから日本人に、大型の蒸気軍艦を実際に見せることが重要なのだ。

ペリーは、アメリカの海軍軍人。東インド艦隊司令官、ブルックリン海軍工廠の造船所長および司令官、本国艦隊の司令官などを歴任する。最終階級は海軍代将。鎖国をしていた江戸時代の日本を開国させたことで知られる。また、黒人奴隷をアフリカに帰す運動に尽力し、自ら船長としてアフリカに渡る。

父親は海軍私掠船長で裕福な家庭で育つ。一八〇九年に海軍に入隊、一八三三年にブルックリン海軍工廠の造船所長を務め、のちに〝海軍蒸気船の父〟と呼ばれる。米墨戦争が勃発すると、艦隊副指令としてベラクルスへの上陸作戦を指揮する。一八五三年と翌年に来日し、日米和親条約と琉米修好条約を締結する。

晩年は遠征記などを執筆し、一八五八年、ニューヨークで死去する。六十三歳没。

ダグラス・マッカーサー

1880〜1964年
明治前期〜昭和中期
アーカンソー州出身

老兵は死なず、ただ消え去るのみ。

陸軍士官学校時代に流行っていた俗謡（曲名不明）の歌詞からの引用。

マッカーサーは、アメリカの陸軍軍人。陸軍参謀総長、フィリピンの高等弁務官、連合軍最高司令官などを歴任する。最終階級は陸軍元帥。

父親は南北戦争で名誉勲章を受章した軍人。マッカーサーは任地の宿舎で生まれ基地の中で育つ。

一九三〇年、アメリカ軍史上、最年少で陸軍参謀総長に就任し、太平洋戦争では連合国軍南西太平洋方面司令官に就任する。

一九四五年に日本が降伏すると、日本占領連合国軍最高司令官兼アメリカ極東軍最高司令官として、日本の占領行政のトップに就く。

朝鮮戦争では国連軍最高司令官に就任するが、核使用を主張してトルーマン大統領と対立し、一九五一年に解任される。標記は解任の演説の言葉。

晩年はコンピュータ会社の会長を務め、一九六四年、肝臓と腎臓の機能不全で死去。八十四歳没。

ナポレオン・ボナパルト

1769～1821年
江戸中期～江戸後期
フランス出身

復讐心は、先を考える力を奪う。

ナポレオンは、フランスの軍人、政治家。統領政府の第一統領、第一帝政の皇帝などを歴任する。生家はイタリアの貴族。フランス革命後に軍事独裁政権を樹立し、ヨーロッパの大半を治めた（ナポレオン戦争）。

陸軍士官学校を卒業後、砲兵司令官としてトゥーロン攻囲戦に従軍し、勝利に貢献して若き英雄になる。イタリア遠征など幾多の戦争に勝利し、また、法典編纂や産業保護の近代化に尽力する。

一八〇四年に皇帝に就任し、ヨーロッパの大半を制圧するが、モスクワ遠征で大敗して失脚する。イギリスに亡命すると、イギリス政府はセントヘレナ島に幽閉し、劣悪な生活を強いられる。

一八二一年、胃癌によりセントヘレナ島で死去する。五十一歳没。ヒ素による暗殺説もある。

遺体は一八四〇年にフランスに返還された。

ウィンストン・チャーチル

1874～1965年
明治前期～昭和中期
イギリス出身

私は豚が好きだ。なぜなら、猫は人間を見下し、犬は人間を思慮浅く尊敬する。しかし豚は、自分と同等のものとして人間の目を見つめる。

チャーチルは、イギリスの政治家、作家、教育者。二度の首相をはじめ、海軍大臣、大蔵大臣、内務大臣、通商大臣、エジンバラ大学の学長などを歴任する。父親は大蔵大臣を務めた政治家。

陸軍士官学校を卒業後、実戦を経験する。一九〇〇年に立候補して初当選を果たす。

第二次世界大戦中に首相を務める。言論を弾圧することで国内を統制して大戦を乗り切り、イギリスを勝利に導いた。

終戦後、一九五一年に再び首相に就任。核開発を推進、イギリスを米ソに次ぐ原爆保有国にする。また、回顧録『第二次世界大戦』で、一九五三年にノーベル文学賞を受賞する。

晩年は、庶民院議員などを務めるが、表舞台に立つことはなく執筆活動に専念する。一九六五年に脳卒中を起こし死去する。九十歳没。

シャルル・ド・ゴール

1890～1970年
明治中期～昭和後期
フランス出身

人格者は、人々と距離をとるものである。なぜなら、人格者は威厳と人望なくして存在せず、威厳と人望は世俗との距離があってこそ成り立つものだから。

ド・ゴールは、フランスの陸軍軍人、政治家。フランス共和国第四共和政の首相、第五共和政（現在のフランス）初代大統領を務める。

下級貴族の家系で、父親はイエズス会学院の校長を務めた。陸軍士官学校を卒業後、第一次世界大戦では大尉に任命されドイツ軍と戦う。

第二次世界大戦でパリが陥落すると、イギリスに亡命する。一九四四年、アルジェリアでフランス共和国臨時政府が成立、その代表になる。

終戦後、一九四六年に第四共和政が誕生し、一九五八年に首相に任命されると、新憲法を国民投票で承認させて第五共和政を成立させる。

一九六八年に起きた五月革命を鎮めると、政界を引退して執筆活動に専念する。

一九七〇年、解離性大動脈瘤破裂により死去。七十九歳没。

パルミーロ・トリアッティ

1893～1964年
明治中期～昭和中期
イタリア出身

すべての政策は危険を含んでいる。しかし、政策にとっての危険とは、過ちを犯すことではない。慣習や原則にとらわれて新しい発想を放棄してしまうことだ。

トリアッティは、イタリアの政治家。法務大臣やイタリア共産党の書記長などを歴任する。

トリノ大学在学中に社会党に入党し、第一次世界大戦後には雑誌を発行するなど、労働運動に没頭する。一九二一年、イタリア共産党の創設に参加し、コミンテルン執行委員になる。ちなみにコミンテルンとは、共産主義政党の国際組織である。

イタリア共産党の最高指導者グラムシが、ムッソリーニ政権によって投獄されると、イタリア共産党の最高指導者の地位に就き、その立場を死去するまで務める。思想弾圧が厳しくなるとソ連などに亡命し、帰国後、暴力革命を否定して西ヨーロッパの共産党に影響を与える。一九四八年には反対派に襲われるが一命を取り留めた。

一九六四年、ソ連を訪問し、ヤルタで休暇中に脳内出血により死去する。七十歳没。

ベニート・ムッソリーニ

1883～1945年
明治中期～昭和前期
イタリア出身

人種問題？　人種などというものは、感性の問題ですよ。近代の生物学で、人種という概念が認められると考える人間がどれだけいるでしょうか。

ムッソリーニは、イタリアの政治家、陸軍軍人、教育者。首相をはじめ、外務大臣、内務大臣などを歴任する。陸軍における最終階級は軍曹。〝ファシズムの創始者〟と言われている。

鍛冶屋と教師の両親の長男として生まれる。小学校の教師を経て、スイスを放浪する。亡命中のレーニンと知り合い、影響を受けて労働運動に参加するようになる。

イタリア軍に入隊後、イタリア社会党に入党し、一九二二年、クーデターを成功させてファシズム政権を樹立する。一九四〇年には日独伊三国同盟を結び、第二次世界大戦の中心的指導者になる。しかし、敗戦の責任を問われて失脚し逮捕された。その後、一時期ヒトラーに保護されるが、パルチザン部隊に拘束され、銃殺刑により処される。遺体は逆さ吊りにされた。六十一歳没。

アドルフ・ヒトラー

1889～1945年
明治中期～昭和前期
オーストリア出身

重要なのは、ドイツ帝国を建設したビスマルクが当時なにをしたかではない。今ここにいたらなにをするか、である。

ヒトラーは、ドイツの政治家、陸軍軍人。首相をはじめ、社会主義ドイツ労働者党の指導者、陸軍総司令官などを歴任する。父親は税関事務員。若い頃は画家を志望していたが、第一次世界大戦になると伝令兵として従軍する。

戦後、ドイツ労働者党に入党し、演説の巧さで認められて要職に就く。一九二〇年には党名を社会主義ドイツ労働者党（ナチス）に改名し、国民の期待を背負って党首に就任する。

一九二三年のミュンヘン一揆の失敗で投獄され、獄中で『我が闘争』を執筆する。出獄後、世界恐慌のなかでナチスを第一党に押し上げる。一九三三年に首相に就くと独裁政権を樹立した。

第二次世界大戦では、世界的な指導者として注目される。しかしソ連戦の敗北で形勢が不利になると、一九四五年に愛人と自殺する。五十六歳没。

ヨシフ・スターリン

1878～1953年
明治前期～昭和中期
ロシア出身

敗北を知らない人間などいない。それは歴史が証明している。

スターリンは、ソビエト社会主義共和国連邦（現・ロシア）の政治家、軍人。国家最高指導者をはじめ、軍事大臣などを歴任する。軍隊における最終階級は大元帥。父親は貧しい靴職人。

気象局員として働きながら労働運動に参加する。シベリア流刑などを経て、一九二二年にソ連が誕生すると、ソ連共産党書記長に就く。

レーニンが亡くなると、トロツキーらの反対勢力を排し、反対派の党員を数多く死刑にした。諸説あるが、市民にいたっては七十万を超える人数が処刑されたと言われている。一方で、工業を充実させ、第二次世界大戦後には世界第二位の経済大国に育てあげる。終戦後の復興でも主導し、死去するまで最高指導者としての地位は続いた。

一九五三年、寝室にいるときに脳卒中の発作で倒れ、四日後に死去する。七十四歳没。

チェ・ゲバラ

1928～1967年
昭和前期～昭和後期
アルゼンチン出身

もし、私のことを理想主義者だと批判するなら、何千回でも答えよう。「そのとおりだ」と。

ゲバラは、キューバ革命を成功させたアルゼンチン出身の革命家、医師。

生家はペルー副王の末裔で、経済的には恵まれていた。大学は医学部に進学し、チリ旅行で労働者の生活にふれて社会意識に目覚める。

一九五五年、メキシコに亡命していたキューバの革命家フィデル・カストロと出会い、革命戦士になることを決意する。当時、キューバはバティスタによる独裁政治が行なわれており、そのキューバにレジャー用のボートで侵入し、ゲリラ活動を行ない、一九五九年、革命を達成する。その後、新政府の国立銀行総裁に就任する。

一九六六年、軍事政権下にあったボリビアの革命を目指して現地に入る。しかし苦戦を強いられ、一九六七年、アメリカ軍の協力を受けたボリビア政府軍に捕えられ射殺される。三十九歳没。

ホー・チ・ミン

1890～1969年
明治中期～昭和後期
フランス領インドシナ出身

象はイナゴを敵とは思わないだろう。しかし明日になれば、そのイナゴに腸を食いちぎられているかもしれない。

ホー・チ・ミンは、ベトナムの政治家。植民地時代からベトナム戦争まで独立運動を指導した。ベトナム民主共和国の初代国家主席、ベトナム労働党の中央委員会主席などを歴任する。

父親は貧しい儒学者。国立高等学校でフランス語を学び、船員になるとヨーロッパ諸国を体験する。ロシア革命に影響を受け、パリで政治活動を始め、パリ講和会議に出席し世界に名を知られる。

第二次世界大戦が終わると、国際的な承認を得られないままベトナム民主共和国を建国し、国家主席兼首相に就任する。一九五四年、インドシナ戦争でフランスに勝利するが、ベトナムは南北に分裂。北ベトナムの指導者になる。

アメリカの介入でベトナム戦争は泥沼化するが、高齢のためリーダーシップを発揮することなく、一九六九年、心臓発作により死去。七十九歳没。

ガマール・アブドゥル・ナーセル

1918〜1970年
大正〜昭和後期
エジプト出身

敵がいかに強大でも恐れるな。自覚と覚悟を忘れるな。絶対勝てる。

ナーセルは、エジプトの政治家、陸軍軍人。エジプト共和国の大統領、アラブ連合共和国の首相などを歴任する。父親は郵便局長を務めた。

当時、エジプトはイギリスの保護国にあり、解放運動に参加するようになる。第一次中東戦争では少佐として従軍する。

その後、自由将校団を組織し、一九五二年のエジプト革命を主導する。親英派のファールーク国王を排して、エジプト共和国を樹立した。

一九五八年、エジプトとシリアが合流したアラブ連合共和国を建国して初代大統領に就任するが、一九六一年にはシリアは脱退してしまう。

反イスラエルの立場から、第二次と第三次の中東戦争を指揮する。しかし第三次中東戦争の敗北後、政治家としての求心力を回復することなく、一九七〇年に心臓発作により死去。五十二歳没。

マハトマ・ガンジー

1869～1948年
明治前期～昭和中期
イギリス領インド出身

弱い者ほど相手を許すことができない。許すという気持ちは強さの証なのだ。

ガンジーは、インドの政治指導者、宗教家、弁護士。五回もノーベル平和賞の候補になるが、受賞はしていない。〝インド独立の父〟と呼ばれ、キング牧師やダライ・ラマ十四世などが影響を受けたと公言している。誕生日の十月二日は、国連総会で〝国際非暴力デー〟に制定されている。

十八歳でロンドンに渡り、弁護士の資格を取得する。一八九三年、イギリス領南アフリカ連邦（現・南アフリカ共和国）で弁護士として活動し、イギリスの人種差別政策に反対する。

その後、インドに帰国し、第一次世界大戦後にインド国民会議に加わり、非暴力の抵抗運動で世界的に知られるようになる。第二次世界大戦が終わるとイギリスから独立を勝ち取る。

一九四八年、各宗教に寛容な思想を敵視した原理主義集団に拳銃で暗殺される。七十八歳没。

ジャワハルラール・ネルー

1889～1964年
明治中期～昭和中期
イギリス領インド出身

愛は平和ではない。愛は戦いである。武器のかわりが誠実であるだけで、それは自らを捨ててかからなければならない、地上におけるもっとも激しく厳しい戦いである。

娘に宛てた手紙より。

ネルーは、インドの政治家、作家。初代首相をはじめ、インド国民会議議長などを歴任する。バラモン階級の富裕な家系に生まれ、ケンブリッジ大学を卒業後、弁護士として帰国する。インドの独立運動に参加。ガンジーなどと行動をともにする。国民会議の議長と投獄とをくり返す。獄中では『インドの発見』などを執筆した。

第二次世界大戦後、イギリスからの独立を勝ち取り、初代首相に就任する。計画経済・民主主義を推進し、〝非同盟・中立〟の外交を打ち出す。しかし計画経済は行きづまり、国内の貧困は解消されることはなかった。

一九六四年、首相在任中に心臓発作により死去。七十四歳没。

巻末資料

日本史 年表

※本書に関係する部分のみ。

●江戸時代（1603年～1868年）

1853　アメリカの使節ペリーが来航し、浦賀で開国を要求する。開国か鎖国かで日本は揺れ動く。

1854　再びペリーが来航し、日米和親条約を結ぶ。ついでロシア・イギリス・オランダとも和親条約を結ぶ。これらの条約によって実質的に鎖国は終了する。

1856　アメリカの総領事ハリスが下田に着任する。吉田松陰が松下村塾を開く。

1858　井伊直弼が大老に就き、アメリカ、ロシア、イギリス、フランスと修好通商条約を結ぶ。井伊直弼が、条約を批判した諸大名や志士、吉田松陰などを死刑や島流しにする（安政の大獄　～1859年）。

1860　大老井伊直弼が、江戸城桜田門外で水戸藩や薩摩藩を脱藩した志士によって暗殺される（桜田門外の変）。

1862　孝明天皇の妹和宮が将軍家茂と結婚し、公武合体運動が進められる。公武合体に対して薩摩藩と長州藩で尊皇攘夷運動が強まる。横浜近くの生麦村で薩摩藩士がイギリス人を殺傷する（生麦事件）。

1863　イギリスが生麦事件の報復で鹿児島湾を砲撃する（薩英戦争）。八月十八日の政変が起こる。

1864　長州藩士が京都御所を襲う（蛤御門の変）。アメリカ、イギリスなど四ヵ国の艦船が下関を砲撃する（下関事件）。第一次長州征伐が起こる。

1865　第二次長州征伐が起こるが、幕府の敗北に終る。

1866　坂本龍馬の仲介で薩摩藩と長州藩が連合する（薩長連合）。徳川慶喜が第十五代（最後の）将軍になる。

1867　前土佐藩主山内豊信が、徳川慶喜に政権を朝廷に返すように勧め、幕府が受け入れる（大政奉還）。約二六〇年間続いた江戸幕府は倒れ、鎌倉幕府が開かれてから七〇〇年近く続いた武家政治は終了する。朝廷が政治をとる（王政復古の大号令）。

●明治時代（1868年～1912年）

1868　戊辰戦争が開始する（～1869年）。明治新政府から五箇条の御誓文が発せられる。
1869　華族・士族・平民の制により四民平等になる。
1871　廃藩置県により三府七十二県に府知事・県令を置く。
1872　義務教育の開始。新橋と横浜の間に鉄道が開通する。
1873　徴兵令、地租改正条例が公布される。西郷隆盛が征韓論を主張するが、大久保利通に反対されて政府を去る。
1874　板垣退助が民選議院設立の建白書を政府に提出する。藩閥政治への不満から自由民権運動が広がる。佐賀の乱が起こる。
1876　神風連の乱、秋月の乱、萩の乱が起こる。
1877　西郷隆盛が西南戦争を起こす。東京開成学校と東京医学校が合併し、東京大学が設立する。
1881　1890年に議会を開くことを政府が発表する（国会開設の詔）。板垣退助らが自由党をつくる。
1882　大隈重信が立憲改進党をつくる。
1885　内閣制度ができて、伊藤博文が初代の内閣総理大臣になる。
1886　帝国大学令で東京大学は、帝国大学に改称する。
1887　東京に電灯がつく。
1889　大日本帝国憲法が公布される。
1890　第一回衆議院議員の選挙が行われ、第一回帝国議会が開かれる。教育勅語が発布される。
1894　日清戦争が起こる（～1895年）。イギリスとの間に条約の改正が行なわれる（治外法権の撤廃）。
1895　日清戦争が終わり下関講和条約が結ばれる。下関条約に対してフランス、ドイツ、ロシアによる三国干渉が行なわれる。

1897 京都帝国大学の創設にともない、帝国大学を東京帝国大学に改称する。
1900 治安警察法が制定される。
1902 日英同盟を締結する。
1904 日露戦争が始まる（〜1905年）。
1905 日露講和条約を締結する。
1906 南満州鉄道株式会社が設立する。
1909 伊藤博文が満州で暗殺される。
1910 韓国を併合する。幸徳秋水ら社会主義者の一斉検挙が行なわれる（大逆事件）。
1911 関税の自主権が回復する。

●大正時代（1912年〜1926年）

1914 第一次世界大戦が勃発し、日本も参戦する。世界大戦の影響で好景気になる。
1915 対華二十一ヵ条の要求を行なう。
1919 パリ講和会議に出席する。
1920 国際連盟に加入し、常任理事国になる。戦後の経済恐慌が起こる。
1921 ワシントン軍縮会議に出席する。四ヵ国協定（日・英・米・仏）を結び、日英同盟を破棄する。
1923 関東大震災が発生する。
1925 普通選挙法が成立する。満二十五歳以上のすべての男子に衆議院議員の選挙権が与えられるが、女子にはまだ選挙権はなかった。治安維持法が制定される。ラジオ放送が開始する。

●昭和時代（1926年〜1989年）

1930 世界的不景気になる。ロンドン軍縮会議に出席する。
1931 南満州鉄道が爆破される（柳条湖事件）。満州事変が起こる。
1932 満州国を建国する。中国の要請で国際連盟からリットン調査団が派遣され、現地を調査。満州国を否定する報告がなされる。青年将校らが犬養毅総理大臣を暗殺する（五・一五事件）。
1933 国際連盟の満州国の判断を不服として、日本は連盟を脱退する。

1936 陸軍の青年将校らが反乱を起こし、多くの政府高官を暗殺、重傷を負わせる（二・二六事件）。

1937 盧溝橋事件をきっかけに日中戦争が起こる。

1938 国家総動員法が制定される。

1939 第二次世界大戦が始まる。

1940 日独伊三国軍事同盟が結ばれる。政府は各政党を解散させて大政翼賛会をつくり、すべての国民を国策に協力させる体制をつくる。

1941 太平洋戦争が起こる（～1945）。

1944 アメリカ軍の本土爆撃が激化し、集団疎開が始まる。

1945 アメリカ軍が沖縄に上陸する。広島・長崎に原子爆弾が投下される。ポツダム宣言を受け入れ連合国に無条件降伏する。連合国が日本を占領する。治安維持法が廃止され政治犯が釈放される。

1946 東京裁判が開かれる。小・中学校の九年間が義務教育になる。日本国憲法が公布される。

1947 労働基準法、児童福祉法、教育基本法、学校教育法、独占禁止法が公布される。日本国憲法が施行される。東京帝国大学を東京大学に改称する。

1951 サンフランシスコ平和条約を締結する。日米安全保障条約を締結する。

1952 サンフランシスコ平和条約で日本の主権が回復する。

1953 テレビ放送が開始する。

1954 防衛庁・自衛隊ができる。

1956 ソビエト連邦との国交が回復する（日ソ共同宣言）。日本は国際連合に再び加入する。

1960 日米安全保障条約が改定される。

1964 東海道新幹線が開通する。東京オリンピックが開催される。

内閣総理大臣 一覧

※本書に関係する六十代まで掲載。

1代	伊藤博文	第１次	１８８５～１８８８年	長州藩出身
2代	黒田清隆		１８８８～１８８９年	薩摩藩出身
	三條実美	暫定内閣	１８８９年	京都出身
3代	山縣有朋	第１次	１８８９～１８９１年	長州藩出身
4代	松方正義	第１次	１８９１～１８９２年	薩摩藩出身
5代	伊藤博文	第２次	１８９２～１８９６年	長州藩出身
	黒田清隆	臨時兼任	１８９６年	薩摩藩出身
6代	松方正義	第２次	１８９６～１８９８年	薩摩藩出身
7代	伊藤博文	第３次	１８９８年	長州藩出身
8代	大隈重信	第１次	１８９８年	佐賀藩出身
9代	山縣有朋	第２次	１８９８～１９００年	長州藩出身
10代	伊藤博文	第４次	１９００～１９０１年	長州藩出身
	西園寺公望	臨時兼任	１９０１年	山城国出身
11代	桂太郎	第１次	１９０１～１９０６年	長州藩出身
12代	西園寺公望	第１次	１９０６～１９０８年	山城国出身
13代	桂太郎	第２次	１９０８～１９１１年	長州藩出身
14代	西園寺公望	第２次	１９１１～１９１２年	山城国出身
15代	桂太郎	第３次	１９１２～１９１３年	長州藩出身
16代	山本権兵衛	第１次	１９１３～１９１４年	薩摩藩出身
17代	大隈重信	第２次	１９１４～１９１６年	佐賀藩出身
18代	寺内正毅		１９１６～１９１８年	長州藩出身
19代	原敬		１９１８～１９２１年	盛岡藩出身
	内田康哉	臨時兼任	１９２１年	熊本藩出身
20代	高橋是清		１９２１～１９２２年	江戸幕府出身
21代	加藤友三郎		１９２２～１９２３年	広島藩出身
	内田康哉	臨時兼任	１９２３年	熊本藩出身
22代	山本権兵衛	第２次	１９２３～１９２４年	薩摩藩出身
23代	清浦奎吾		１９２４年	熊本藩出身

24代	加藤高明		1924～1926年	尾張藩出身
	若槻禮次郎	臨時兼任	1926年	松江藩出身
25代	若槻禮次郎	第1次	1926～1927年	松江藩出身
26代	田中義一		1927～1929年	長州藩出身
27代	濱口雄幸		1929～1931年	土佐藩出身
28代	若槻禮次郎	第2次	1931年	松江藩出身
29代	犬養毅		1931～1932年	庭瀬藩出身
	高橋是清	臨時兼任	1932年	江戸幕府出身
30代	斎藤実		1932～1934年	仙台藩出身
31代	岡田啓介		1934～1936年	越前藩出身
32代	広田弘毅		1936～1937年	福岡県出身
33代	林銑十郎		1937年	石川県出身
34代	近衛文麿	第1次	1937～1939年	東京府出身
35代	平沼騏一郎		1939年	津山藩出身
36代	阿部信行		1939～1940年	石川県出身
37代	米内光政		1940年	岩手県出身
38代	近衛文麿	第2次	1940～1941年	東京府出身
39代	近衛文麿	第3次	1941年	東京府出身
40代	東條英機		1941～1944年	東京府出身
41代	小磯國昭		1944～1945年	栃木県出身
42代	鈴木貫太郎		1945年	関宿藩出身
43代	東久邇宮稔彦王		1945年	京都府出身
44代	幣原喜重郎		1945～1946年	大阪府出身
45代	吉田茂	第1次	1946～1947年	東京府出身
46代	片山哲		1947～1948年	和歌山県出身
47代	芦田均		1948年	京都府出身
48代	吉田茂	第2次	1948～1949年	東京府出身
49代	吉田茂	第3次	1949～1952年	東京府出身
50代	吉田茂	第4次	1952～1953年	東京府出身
51代	吉田茂	第5次	1953～1954年	東京府出身
52代	鳩山一郎	第1次	1954～1955年	東京府出身
53代	鳩山一郎	第2次	1955年	東京府出身
54代	鳩山一郎	第3次	1955～1956年	東京府出身
55代	石橋湛山		1956～1957年	東京府出身
56代	岸信介	第1次	1957～1958年	山口県出身
57代	岸信介	第2次	1958～1960年	山口県出身
58代	池田勇人	第1次	1960年	広島県出身
59代	池田勇人	第2次	1960～1963年	広島県出身
60代	池田勇人	第3次	1963～1964年	広島県出身

索引

索引

主な参考文献（順不同）

『名言　人生を豊かにするために』
座右の銘研究会編（株式会社里文出版）
『座右の銘　意義のある人生のために』
「座右の銘」研究会編（株式会社里文出版）
『こども座右の銘』
「座右の銘」研究会編（株式会社メトロポリタンプレス）
『愛蔵版　座右の銘』
「座右の銘」研究会編（株式会社メトロポリタンプレス）

編著者　須田諭一（すだゆいち）
1959年生まれ。大学進学予備校の職員を経て、フリーライターへ。
主な編書としては、『子どもと親のための心の相談室』（本の泉社）、『いますぐ使える 知って得する 雑学あれこれ』『困る前に読んでおく 身近なトラブル 解決マニュアル』『名言　人生を豊かにするために』（以上、里文出版）、『こども座右の銘』『ウソ？ホント？おもわず話したくなる雑学あれこれ』（No.1 〜 3）、『困った身近なトラブル解決Q&A BOOK』（No.1 〜 3）、（以上、メトロポリタンプレス）、『野村克也 解体新書』（無双舎）、『マスターズ 栄光と喝采の日々』（AC BOOKS）、『プロレスへの遺言状』『PRIDE』『頭脳警察』（以上、河出書房新社）、『筋肉少女帯自伝』『上田正樹 戻りたい過去なんてあらへん』（以上、K&Bパブリッシャーズ）、『頭脳警察　Episode Zero』（ぶんか社）など。

企画・構成・編集：須田諭一　編集協力：田中宏明

2013年7月25日　初版発行　定価（本体1,300円＋税）

政治家の名言　成功に導く言葉力

編　者：須田諭一
発行者：深澤徹也
発行所：メトロポリタンプレス
〒173-0004 東京都板橋区板橋3-2-1
Tel：03-5943-6431（営業部）
URL　http://www.metpress.co.jp
印刷所：株式会社ティーケー出版印刷

ISBN978-4-904759-65-3 C0095　Printed in Japan